わかっていても騙される
錯覚クイズ

杉原厚吉

大和書房

はじめに

　見たものが、実際とは違うように見えてしまう現象は、「目の錯覚」あるいは「錯視」とよばれます。これは単なる勘違いや見間違いではなくて、本当のことを教えられたあとでもやはり起こってしまいます。錯視を経験すると、見たらものの形はわかるはずという私たちの素朴な常識が崩され、不思議で神秘的な気持ちになります。本書は、この錯視のさまざまな側面をクイズという形式で紹介し、その面白さ・不思議さを一緒に体験していただくことを目指したものです。

　私たちは、網膜でとらえた画像を脳で処理して、見えているものを判断します。ですから錯視は脳が作り出しています。脳は、目の前の状況を正しく認識しようと一生懸命頑張っています。その努力が、時に勇み足となって土俵から踏み出すかのように暴走した結果が錯視だと考えることもできます。錯視を観察すると、頑張っている脳の姿が見えてきて、自分の脳がいとおしくなるかもしれません。同時に「見る」ことが不完全で危ういものだということもわかりますから、普段の生活でも注意しなければいけないという反省もできるでしょう。ですから、自分自身を知る手がかりとしても、この本を活用していただけると思います。

2018年春　　著者

CONTENTS

第 **1** 章

わかっていても騙される！
ウォーミングアップ12題

同心円ハイブリット図形 —— 17

市松模様錯視 —— 19

ジェルビーノ錯視 —— 21

重力レンズ錯視 —— 23

うねる海面 —— 25

斜塔錯視 —— 27

フレーザーのLIFE —— 29

文字列傾斜錯視 —— 31

シューマン錯視 —— 33

背伸びする鳥居 —— 35

ホワイト効果 —— 37

フレーザーのうずまき錯視 —— 39

column 　錯視は視覚科学の実験材料 —— 43

第2章

ないはずなのに見えてくる！

ヘルマン格子 —— 47

墨絵効果 —— 49

宗宮錯視 —— 51

カニッツァの主観輪郭線 —— 53

エーレンシュタイン錯視 —— 55

針刺し格子錯視 —— 57

マッケイ錯視 —— 59

マッケイの流れの錯視 —— 61

エニグマスピン —— 63

第 **3** 章

ゆがんで見える、傾いて見える、ずれて見える!

カフェウォール錯視 —— 67

リップスのミュンスターベルグ錯視 —— 71

ツェルナー錯視 —— 73

ヘリング錯視とヴント錯視 —— 75

斜めエッジの錯視 —— 77

オービソン錯視 —— 79

ポッゲンドルフ錯視 —— 81

デルブーフの角度錯視 —— 83

グリーンの屈折錯視 —— 85

ツェルナーひも —— 87

モーガンのねじりひも —— 89

北岡の逆カフェウォール錯視 —— 91

ブレイクモアの錯視 —— 93

ジョヴァネッリの錯視 —— 95

ミュラー-リヤーのずれ錯視 —— 97

ジャッドの位置の錯視 —— 99

三角形の高さの中点 —— 101

くもの巣錯視 —— 103

メッツガー錯視 —— 105

デルブーフの弧のわん曲錯視 —— 107

リップスのわん曲錯視 —— 109

リップスの方向錯視 —— 111

column　見ることの偉大さと危うさ —— 113

第 **4** 章

違うカタチが見えてくる!

ネッカーの立方体 —— 117

シュレーダーの階段 —— 119

高さ反転錯視 —— 121

ルビンの盃 —— 123

両眼立体視 —— 125

ランダムドットステレオグラム —— 127

レディース=シュピルマン図形 —— 131

単一画ステレオグラム —— 133

アナモルフォーズ —— 135

第 **5** 章

止まっているのに動いて見える！

オオウチ錯視 ── 139

UFOのラインダンス ── 141

浮遊運動錯視 ── 143

ピンナの回転錯視 ── 145

遅れて動く魚 ── 147

column 静止図形が動いて見える錯視は、自分の目が動いているため ── 149

第 6 章

明るく見える、暗く見える!

明るさの対比 —— 153

スポットライト効果 —— 155

輝いて見える錯視 —— 157

ホン=シェーベル錯視 —— 161

クレイク=オブライエン=
コーンスイート錯視 —— 163

ロット風のついたて —— 165

波のグラデーション —— 169

ヴァザルリ錯視 —— 171

ブレッサンの土牢錯視 —— 173

column 本当のことを知っても
修正できない —— 175

第 7 章

大きく見える、長く見える!

ミュラー-リヤー錯視 —— 179

黒塗りミュラー-リヤー図形 —— 181

竹林の背比べ —— 183

ヘルムホルツの正方形 —— 185

デ・サヴィニィ錯視 —— 187

ティチェナーの台形 —— 189

オッペル=クント錯視 —— 191

ジャストロー錯視 —— 193

エビングハウス錯視／
ティチェナー錯視 —— 195

ボールドウィン錯視 —— 197

デルブーフ錯視 —— 199

もう1つのデルブーフ錯視 —— 201

ポンゾ錯視 —— 203

ポンゾ錯視のバリエーション —— 205

小保内錯視 —— 207

ジャッドの大きさの錯視 —— 209

デイの正弦曲線錯視 ── 211

トランスキー錯視 ── 213

コップの底とふた ── 215

クナパス錯視 ── 217

ペレルマンの2点距離 ── 219

ノッポの富士山 ── 221

シェブロン錯視 ── 223

ザンダーの平行四辺形 ── 225

ルキーシュの隙間 ── 227

シェパード錯視 ── 229

回廊錯視 ── 231

逆斜塔錯視 ── 233

シェパードの正柱体 ── 235

column　奥行きを補正する脳 ── 237

第 **8** 章

暮らしの中の身近な錯視

クレーター錯視 —— 241

ホロウマスク錯視 —— 243

縦断勾配錯視 —— 245

タイルの視覚効果 —— 247

部屋を広く見せる写真術 —— 249

道路写真の角度錯視 —— 251

参考文献 —— 253

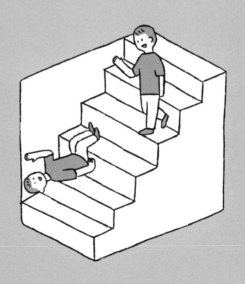

まずは、騙される快感を存分に味わえる、バリエーションに満ちた錯視図形をご覧ください。
「え？ どうして？」と思わずつぶやいてしまうかもしれません。

次の同心円図形には
文字が隠されています。
何と書いてあるでしょう?

HINT 紙面をぐるぐる回してみる、あるいは目を細めてぼかしてみてください。

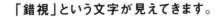

「錯視」という文字が見えてきます。

　これは、同心円を構成する円の太さのわずかな違いを脳が強調して知覚するために起こる錯視です。1つ1つの線の太さの違いが意識されるわけではありませんが、太い部分が全体にまとまって文字が見えてきます。黒い線はどこも同じ黒さのはずですが、文字の部分が、文字以外の部分より、いっそう黒く見えます。

　この図を最初に見たときは、まず、同心円図形が見えるでしょう。そしてよく見てみると、その中に文字というもう1つの図形が埋め込まれているのがわかってきます。

　このように2種類のものが見えてくる図形は、一般に**ハイブリッド図形**とよばれます。この図形では、同心円図形が基本にあって、そこに別のものが埋め込まれていますから、**同心円ハイブリッド図形**とよぶのがふさわしいでしょう。

　この錯視は**ニニオ (Ninio)** が著書の中で紹介しています。

白と黒の市松模様は
どちらに傾いていますか?

市松模様錯視

傾いていません。

　大きな白と黒の四角形はすべて正方形で、水平・垂直に並べて敷き詰められています。しかし、縦線は反時計回りに、横線は時計回りに傾いているように見えます。**この錯視は北岡明佳と佐藤孝行が見つけたもので、市松模様錯視と名付けられています。**

　傾いて見えるのは、小さい正方形が隅に配置されているためで、小さい正方形を置いた角が直角より小さく見えるという視覚効果が生じています。

　たとえば前ページの図形の下半分を水平な線を中心に裏返した図形に置き換えると下の図形になりますが、こちらは下半分の市松模様が上半分とは逆向きに傾いて見えます。

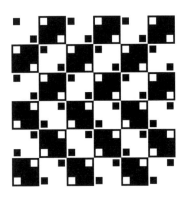

黒い線で描かれているのはどんな図形でしょう?

HINT 図形の頂点が黒い三角形で隠されていますが、この三角形を取り除いたとき現れる図形を想像してください。

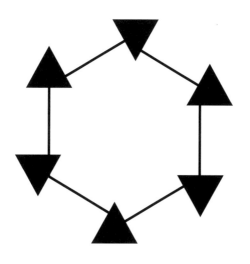

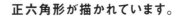

正六角形が描かれています。

　黒い線で描かれているのは正六角形ですが、正六角形よりもかなり歪んだ図形に見えるのではないでしょうか。

　この図形では、黒い三角形の中心が正六角形の頂点からずれています。その結果、頂点がずれて知覚されるために錯視が起こると考えられます。これは**ジェルビーノ（Gerbino）錯視**とよばれています。

　下の図に示すように、頂点を隠す黒い三角形の位置を変更すると、見かけの六角形の歪み方も変わります。

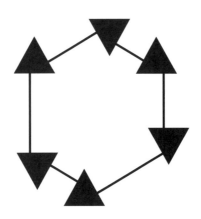

4つの黒い点を頂点とする図形はどのような形でしょうか?

HINT 大きな黒い円が邪魔をしてわかりにくい印象をもつと思いますが、小さな点だけを無心に眺めてみてください。

長方形です。

4つの小さな黒い点が作る図形は、角が直角ではない四角形のように見えるでしょう。しかし、下の図のように黒い点を線で結んでみると、長方形であることが確認できます。

点のそばに比較的大きな黒い円があるために、その方向へ点の位置がずれたように知覚されるのです。

まるで黒い円が大きな質量をもっていて、その重力によって点が引っ張られるような現象なので、この視覚効果は**重力レンズ錯視**とよばれています。**内藤誠一郎**が見つけて名付けました。

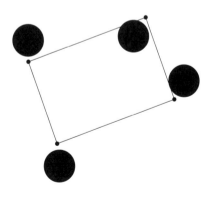

下の図形をじっと見つめてください。
どんなふうに見えますか?

HINT

白と黒の曲線パターンの帯が3列あります。上と下の帯は同じパターンです。中央の帯はそれを裏返したパターンです。

> うねる海面

帯ごとに異なる、うねるような動きが見えてきます。中央の帯が、上下の帯から分離して動くように見えます。

この錯視はそれぞれの帯の斜めの曲線が、隣り合う帯では逆を向いているため起こります。脳の中の、動きを検出する細胞は線に垂直な方向の動きによく反応するので、その方向の動きの成分が強く感知され、帯ごとに異なる動きが見えるのです。

それぞれの細胞は、特定の方向の動きだけを監視していますから、直線パターンより曲線パターンのほうがより多くの細胞が興奮します。このことも、前ページの図がよく動く要因の1つとなっています。

紙面を動かさなくても動いて見えるのは、私たちの網膜がいつも細かくランダムに動いているからです。そのため、網膜に映った像が動き、それを場所ごとに異なる動きとして細胞が検出するのです。

この図形は私が作ったものですが、**ニニオ (Ninio) が著書の中で紹介している画家レヴィアン (Leviant) の回転する円錐**に似ています。それは、2つの円錐の表面に白と黒の縞を逆向きに斜めに巻きつけて並べたものを動かすと、円錐が回転して見える視覚効果です。錯視効果を利用したアートを創作している**オプ・アーティストのライリー (Riley)** も、波模様のパターンがうねって見える効果を利用した作品を作っています。

**2つの建物は、どちらが
より傾いているでしょう?**

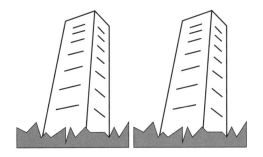

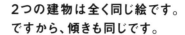

2つの建物は全く同じ絵です。
ですから、傾きも同じです。

　同じ建物の絵を2枚コピーして並べただけです。ですから、紙面上では全く同じように傾いているはずです。でも、右のほうがより右に傾いているように見えます。

　この錯視は**斜塔錯視**とよばれています。**キングダム**等（**Kingdom, Yoonessi and Gheorghiu**）がピサの斜塔の画像を使って最初に示し、その作品は2007年のベスト錯覚コンテストで優勝しています。

　同じ絵を、下のように3枚並べると、一番右が最も右に傾いて見えます。いくつ並べても、右のほうほどより右に傾きます。

それぞれの文字は
どちらへ傾いているでしょう?

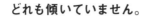

どれも傾いていません。

　LとFは時計回り、IとEは反時計回りに傾いているように見えますが、それは錯視です。文字の境界を構成する小さな長方形が傾いているために、文字全体もその向きに傾いているという印象をもってしまいます。この錯視は**フレーザー (Fraser)** が示しました。

　同じように傾いた白と黒の小さな長方形をつないで図形を描くと、全体も傾いて見えます。下の2つの四角形を見てください。左は、水平・垂直な辺をもつ正方形ですが傾いて見えます。右はやはり水平・垂直な辺をもつ正方形ですが、ひずんだ四角形に見えます。

文字列は水平でしょうか？
それともどちらかに
傾いているでしょうか？

六十一円九十一円百十一円六十一円九十一円百十一円六十一円九十一円
九十一円百十一円六十一円九十一円百十一円六十一円九十一円百十一円

一七六円一七九円一七六円一七九円一七六円一七九円一七六円一七九円
一七九円一七六円一七九円一七六円一七九円一七六円一七九円一七六円

百十一円六十一円九十一円百十一円六十一円九十一円百十一円六十一円
六十一円九十一円百十一円六十一円九十一円百十一円六十一円九十一円

一七九円一七六円一七九円一七六円一七九円一七六円一七九円一七六円
一七六円一七六円一七六円一七六円一七六円一七六円一七六円一七六円

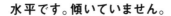

水平です。傾いていません。

文字は水平に並べてあります。このことは、文字列を横から眺めてみれば確認できます。しかし、2列ごとに交互に右下がりと右上がりに見えます。

この錯覚は**文字列傾斜錯視**とよばれています。

文字フォントは、1文字ごとに独立に設計されています。ですから、それぞれの文字はバランスのよい形に作られています。でも複数の文字を並べたときのバランスのよさについては保証されません。そのため、文字の組み合わせによっては、運悪く傾斜しているように見えてしまう場合があるのです。

この錯視は文字フォントに依存しています。同じ文字列でも、フォントの選び方によってこの錯視の強さは変わります。前ページの文字列には、「HGP創英角ゴシックUB」という名前のフォントを使ってあります。

この錯視は、デザイナーにとっては困る現象です。パンフレットなどを作って納品したとき、文字列が傾いていると抗議されることがあり、その場合は水平に見えるように、手作業で1つ1つの文字の位置を調整しなければならないそうです。

上と下の隙間は
どちらが広いでしょう?

上と下の隙間は同じ幅です。

　でも、隙間の幅は、上のほうが広く見えるのではないでしょうか。

　この錯視は**シューマン (Schumann) 錯視**とよばれています。**黒い領域の幅が大きいほうが、その境界が白い隙間のほうへ張り出しているように見える錯覚効果が生じる**ためだと考えられます。

　下の図形では、幅の異なる黒い四角形が並んでいますが、白い隙間の幅はすべて同じです。しかし、幅の広い黒四角形で挟まれた隙間のほうが狭く見えます。これもシューマン錯視とよばれています。前ページの**シューマン錯視図形**では、黒い長方形で挟まれた隙間と、黒い線で挟まれた隙間の大きさを比べました。さらにこの図から、隙間を挟む長方形の幅が広いほど隙間を狭く見せる効果があることがわかります。

**鳥居の柱と横木は
どちらが長いでしょうか?**

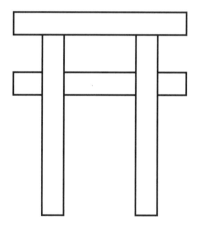

背伸びする鳥居

長さは同じです。

多くの人にとって、横木より柱のほうが長く感じられるでしょう。しかし、次の図のように鳥居の図形のコピーを作って90度回転させて並べると、長さが同じであることが確かめられます。

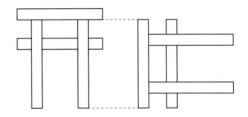

長さの等しい垂直と水平の線をアルファベットのTの字のように並べると、縦の線のほうが長く見えます。この錯視は**フィック（Fick）錯視**とよばれます。前ページの図形は、フィック錯視図形をもとにして作ったものです。

白い格子の後ろの灰色と、
黒い格子の後ろの灰色は
どちらが明るいでしょうか？

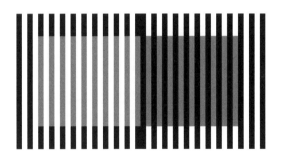

ホワイト効果

両方の灰色は同じ明るさです。

　下の図に示すように、灰色の領域の一部を格子の外に移すと全体が同じ明るさであることが確認できます。しかし、格子の後ろに置かれると格子の明るさにつられて、白い格子の後ろでは明るく、黒い格子の後ろでは暗く感じられるのです。この視覚効果は**ホワイト (White) 効果**とよばれています。ホワイトは「白」という意味ではなくて、この視覚効果について研究した人の名前です。

　このように明るさがまわりにつられる視覚効果は、**明るさの同化**ともよばれています。
　主観的な明るさは、ある場面ではまわりの明るさとの違いを強調しようとして**「対比」**を起こし、ある場面ではまわりの明るさにつられて**「同化」**を起こします。

この図には何本のうずまきが描かれているでしょう?

HINT

図の曲線はすべてつながっているでしょうか?

うずまきは1本も描かれていません。

1本のうずまきのように見える曲線は、多数の同心円です。このことは、指でこの曲線をたどるとひと回りしてもとに戻ることから確認できます。同心円なのにうずまきに見えるこの視覚効果は**フレーザー (Fraser) のうずまき錯視**とよばれています。

フレーザー錯視がなぜ起こるかは、より基本的な次のフレーザー図形を観察するとわかりやすいでしょう。この図形では対角線の描かれた白と黒の正方形が水平に並べられていますが、右から左へ斜めに下がっているように見えます。これは、対角線が斜めに描かれているために、全体もその方向へ傾いていると感じてしまうからだと考えられます。

39ページの図形は、この図形を同心円に変換することによって描けます。その結果、正方形の中に描かれている対角線が円周方向から傾いて見えるために、円ではなくてうずまきに見えてしまいます。

　水平に並べたフレーザー図形を1つおきに裏返すと、下の図形になります。この図形では右上がりの線と右下がりの線が交互に並んでいるように見えます。

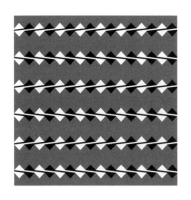

この図形を同心円に変換したのが下の図です。今度は、多数の組みひもが互いにからんで交差しているように見えるでしょう。しかし、同心円ですから、どこでも交差はしていません。

　交差していないのに交差していると感じるのは、隣り合う曲線の向きが同心円からは外れているために、**「この先をたどるといずれ交差しているはず」と推測してしまう**からでしょう。私たちの脳は、この図の対角線の傾きなどの図形の局所的な性質から、それがつながってできる曲線の大域的な性質を推測しているのです。

column

錯視は視覚科学の実験材料

　ものの性質を調べたいときには、そのものを極限状態に置くのが常套手段です。たとえば、物質の性質は、低温にしたり、真空にしたり、無重力にしたりすると、わかりやすくなります。

　それと同じように、目でものを見る仕組みを知りたかったら、目にとっての極限状態を作るのがよいでしょう。でも、目を低温に置いたり、真空に置いたりすることはできません。

　そこで代わりに錯視が利用されます。

　錯視図形を見せることは、目を極限状態に置くことに相当します。目の機能の一部が極端に誇張されて振る舞いますから、目が普段何をやっているかがわかりやすくなります。

　このように、錯視は、目の機能を調べる視覚科学にとっては実験材料の役目を果たすのです。

　視覚科学の世界では、錯視コンテストが行われています。毎年、日本国内では日本基礎心理学会が主催して錯視・錯聴コンテストが行われていますし、国際的には神

経相関学会が主催してベスト錯覚コンテストが行われています。

これらは、新しい錯視の発見をコンテストの形で奨励しているものです。新しい錯視が見つかると、それを材料に用いて新しい実験ができ、視覚科学の研究が進むわけです。実際、現在も新しい錯視が次々と発見されています。

何もないところに何かが見えてくる……。「そんなバカな!?」と思うかもしれませんが、私たちの身のまわりでもよく起こる錯視です。

次の図形を
じっと見つめてください。
白い線の交差するところに
何が見えてきますか？

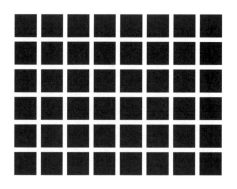

> ヘルマン格子

白線の交差するところに グレーの点が見えてきます。 でも、実際には何もありません。

　黒い背景に縦と横の白い線が描かれているだけなのに、**線が交差するところに黒が見えたり消えたりするように**感じます。特に見つめたところは白のままですが、目の周辺でとらえたところに黒がちらちら見えてきます。この図形は**ヘルマン(Hermann)格子**とよばれます。

　逆に**白い背景に黒い線で描いた格子では、交点のところに白が見えたり消えたりする**ように感じます。こちらの図形は**ヘリング(Hering)格子**とよばれます。

　次の図形は障子の桟の画像ですが、ヘリング格子の図形をぼかしたものとみなすことができ、交点に白が見え隠れする視覚効果は**バーゲン(Bergen)錯視**とよばれます。特に、この図のように**線の交差するところが太くなっていると、この錯視は強まります**。

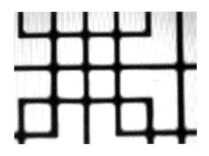

次の図形に、
薄い灰色に塗られた
領域はありますか?

灰色に塗られた領域はありません。

　線以外はすべて背景の白色です。しかし、外側の曲線と内側の曲線に囲まれた領域は灰色に見えます。これは、**曲線を黒と灰色で二重に描くと灰色の側の領域が灰色に見えてくる**という錯視で、**墨絵効果**とよばれています。

　これと似た効果はカラーの絵でも作れます。黒と灰色の代わりに、暗い色と明るい色で二重の線を描くと、明るい色の側の領域にその色がにじみ出るように見えるのです。

　この錯視効果は**水彩錯視**とよばれています。イタリアの心理学者**ピンナ**（Pinna）が見つけました。

　下の図形は境界を直線と曲線で描いてありますが、曲線で挟まれたほうが、灰色が強くにじんで見えます。このように、**墨絵効果は、直線より曲線のほうが強く起こります。**

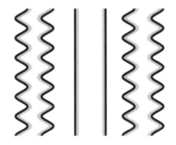

次の図形に、
背景を灰色に塗られたところは
あるでしょうか?

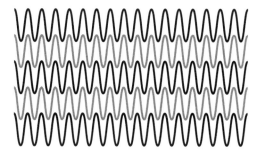

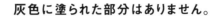

宗宮錯視

灰色に塗られた部分はありません。

　3本の黒い波線と2本の灰色の波線が描かれているだけです。しかし、**灰色の波線の背景も灰色に見える**のではないでしょうか。この視覚効果は、**宗宮保**が見つけたもので、**宗宮錯視**とよばれています。ただし、オリジナルの宗宮の図形は、モノクロではなく、色のついた線で描かれていて、明るい色の背景が、その色を淡くした色で塗ってあるように感じます。

　この視覚効果は、なめらかな曲線を直線で構成されるジグザグな線にすると、次のように弱くなります。

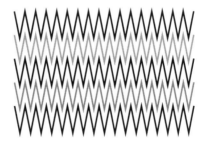

図の中に、
頂点を上にした三角形は
描かれていますか?

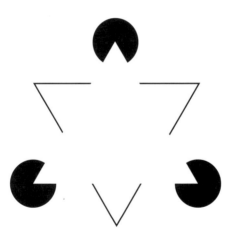

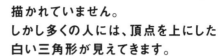

**描かれていません。
しかし多くの人には、頂点を上にした
白い三角形が見えてきます。**

　白い三角形は描かれていませんが、白い三角形が、3個の黒い円と1個の三角形を覆うかたちで、一番上に置かれているように見えます。そして、この**白い三角形の白さは、背景よりいっそう白く見え、その境界に輪郭線があるように感じます**。この錯視は、**カニッツア（Kanizsa）の主観輪郭線**とよばれています。

　下の図のように、**主観輪郭線は曲線図形でも見えてきます**。

線の交差する付近に
どのような図形が見えてきますか?

白い円が見えてきます。

　しかし、それは錯視で、白い円は描かれていません。

　線の端点は交差点から等しい距離だけ離れていますから、端点は同一円周上に並んでいます。でも、端点が同一円周上にあるという知覚が生じるだけではなくて、実際に**まわりよりいっそう白い円が見えてきます**。描かれていないものが見えてきますから、**主観輪郭線錯視**(p.54)の一種です。この錯視は、**エーレンシュタイン (Ehrenstein) 錯視**とよばれています。

　必ずしも線が直交している必要はありません。下の図のように少し別の方向を向いていても、交差点付近に白い円が見えてきます。

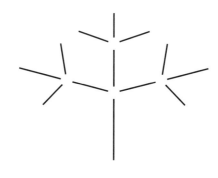

下の図に、白い線で描かれた円形はありますか?

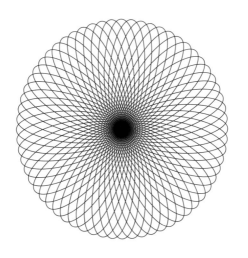

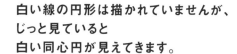

針刺し格子錯視

白い線の円形は描かれていませんが、じっと見ていると白い同心円が見えてきます。

黒で描かれた線の交点を通る白い同心円が見えてきます。黒い線の密度の濃い中心付近や密度の薄い周辺付近ではあまりよく見えませんが、その中間のところでよく見えます。

この錯視は、**針刺し格子錯視**とよばれており、オリジナルな形は、格子図形を45度傾けたとき、水平・垂直の白い線が見えてくる下の図のようなもので、**シャハー**（Schachar）が報告しています。

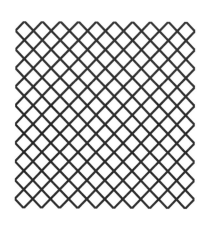

中心を10秒以上見つめてください。
どんな動きが見えてくるでしょう?

HINT

これは静止図形です。そして普通に見ただけでは何も動きは見えません。しかし、絵の中心を10秒から15秒ぐらい見つめていると、動きが見えてきます。

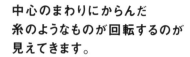

マッケイ錯視

中心のまわりにからんだ糸のようなものが回転するのが見えてきます。

　中心を10秒以上見つめ続けるという普通とは違った見方をしなければなりませんが、がまんして見続けていると、**数本の糸のようなものが、中心のまわりを変形しながらくるくる回転している**ように見えます。

　この錯視は**マッケイ（Mackay）錯視**とよばれています。

　マッケイによると、この回転は時計回りに見える人のほうが、反時計回りに見える人よりも多いそうです。さらに、人によっては、ときどき、回転の向きが変わります。

　実は、もう一つの動きが見える人もいます。中心をじっと見続けていると、奥行きのあるトンネルの中にいるような感じになり、そのトンネルの壁が部分的に伸びたり縮んだりしてゆらゆら変形するように見えます。

下の図をじっと見つめてください。縦の白い隙間にどんな動きが見えてくるでしょう?

HINT　白い隙間に着目してください。普通に見ただけでは単なる静止図形ですが、じっと見続けていると、動きが見えてきます。

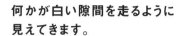

何かが白い隙間を走るように見えてきます。

　この図形の隙間をじっと見続けていると、**水の流れのようなものがチョロチョロと縦に速く走る**ような印象が生まれます。

　この流れは、上向きのものも下向きのものもあり、ときどき向きが入れ替わります。

　この動きは視野の周辺でよく見えます。たとえば、中央の白い隙間を見続けると、そこは白い隙間のままですが、両側の残りの4本の隙間に流れが見えてきます。

　この錯視は**マッケイ (Mackay) の流れの錯視**とよばれています。

　この図形では横線が交互に反対向きに少し斜めになっていますが、斜めになっていることが視覚効果を生み出すのに重要なようです。これを水平な線に置き換えると錯視はほとんど起こらなくなってしまいます。

図の中のリングに注目して
じっと見つめてください。
何が見えてきますか?

HINT

図全体は静止画ですから何も動いていないはずですが、何か動いて見えませんか?

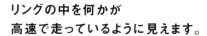

エニグマスピン

リングの中を何かが
高速で走っているように見えます。

この図を見つめていると、**リングの中を水のようなものがチョロチョロ流れているように見えます**。それもかなり高速な流れです。

流れの向きも、ときどき変わります。

2つのリングの中の流れは同じ向きのときもありますし、逆向きのときもあります。

この流れはたいへん速く、しかも強く見えます。

静止図形をじっと見ているだけなのに、これほどの動きが見えてくるとは、私たちの脳はいったい何をやっているのでしょう。

この図は画家**レヴィアン**(Leviant, 1914-2006)の**エニグマ**(Enigma)という作品を簡略化したものです。オリジナルの図形はカラーで描かれており、もっと強い錯視が生じます。この視覚効果は**エニグマスピン**とよばれています。

「まっすぐなはずなのに」
「平行なはずなのに」
「真円のはずなのに」——。
きっとこうだろう、と身構えていても、
曲がって見えたりずれて見えたりする
不思議を感じてください。

次の図形の横の線は
まっすぐですか?
曲がっていますか?

HINT　白と黒の小さい長方形が並んでいるようにも見えますが、本当に長方形でしょうか？　それとも少しゆがんだ図形でしょうか？

カフェウォール錯視

横の線はすべてまっすぐです。
わん曲した線はありません。

　黒と白の小さい図形は、すべて同じ大きさの長方形です。それを交互に横に並べた帯を長方形の辺の半分だけずらして縦に並べてあります。でも多くの人にとって、**横の線がわん曲して見えます**。

　この錯視は**カフェウォール錯視**とよばれています。イギリスのカフェの壁のパターンでこの錯視が起こることを**グレゴリー (Gregory) 等**が見つけ、この名前がつけられました。

　横の線が黒ではなくて白と黒の中間の灰色で描いてあることもポイントです。**黒で描くより灰色で描いたほうが、錯視が強くなります**。

　この錯視は、右の上図のように**長方形を平行四辺形に置き換えるとより強くなります**。同じ向きの平行四辺形でも強くなりますが、右ページ下の図のように列ごとに逆向きの平行四辺形にすると、さらに強くなります。

　歩道や階段に正方形や長方形のタイルを敷き詰める際にも、タイルを少しずらしただけで、このような錯視が生じるという知識は重要です。これを知らないでタイルを貼ってしまったら、歩きにくい歩道や階段になってしまう危険性があるからです。

次の画像は、同じ幅の水平・垂直の面でできた階段にカフェウォール図形を貼ったものですが、とても歩きにくく危ない階段になってしまっていることがわかるでしょう。

下の図で、縦の線は
どちらへ傾いているでしょう?

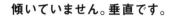

傾いていません。垂直です。

　縦の線は垂直に描かれています。しかし、右と左の線は右へ、真ん中の線は左へ傾いて見えます。この錯視は、**リップス (Lipps) のミュンスターベルク (Münsterberg) 錯視**とよばれています。

　ミュンスターベルク錯視とは、下の図で、長い線が互いに平行なのに傾いて見える錯視です。これは、カフェウォール錯視 (p.68) の長い線を灰色ではなくて黒で描いたもので、錯視効果はカフェウォール錯視より少し弱めです。

　前ページの図は黒い四角形が隣り合う線にまたがっていなくてもこの視覚効果が生まれることを示しています。

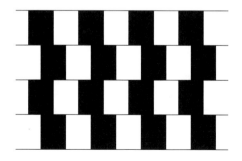

下の図で、長い線は互いに平行ですか？それともそれぞれどちらかへ傾いているでしょうか？

HINT　長い線を多数の短い線が横切っていますが、長い線の傾きに注目してください。

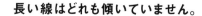

ツェルナー錯視

長い線はどれも傾いていません。

　長い線はすべて水平で互いに平行です。しかし、1つおきに右と左に傾いているように見えるのではないでしょうか。この錯視は**ツェルナー（Zöllner）錯視**とよばれています。**2つの線が直角以外の角度で交差しているとき、鋭角（90度より小さい角）が実際より大きく見え、鈍角（90度より大きい角）が実際より小さく見える、「鋭角の過大視」が起こります。**この鋭角の過大視によって、長い線が短い線とは反対方向へ傾いて見えていると考えられます。

　「鋭角の過大視」という表現は、同様の傾向を表す便利な言葉として、錯視現象を記述するためによく使われます。

　下のような、ツェルナー錯視図形から水平線を取り除いた図形でも、水平に並んでいる短い斜めの線で表された幅のある領域は、1つおきに反対方向に傾いて見えます。

**4本の長い線はそれぞれ
どんなふうに見えますか?**

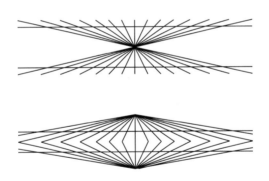

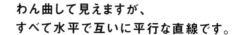

ヘリング錯視とヴント錯視

わん曲して見えますが、すべて水平で互いに平行な直線です。

　これは水平な直線を斜めの線が横切っているために鋭角の過大視が起こり、直線がわん曲して見える錯視です。前ページの上の図では、中心から放射状に出る線が横切り、長い直線は中央がふくらんだ2本の曲線に見えます。この錯視は**ヘリング（Hering）錯視**とよばれます。

　下図では、上と下に中心をもつ2組の放射線群が長い直線を横切り、それによって中央が接近した2本の曲線に見えます。この錯視は**ヴント（Wundt）錯視**とよばれます。

　前ページの図では、斜めの線の傾きが同じだったツェルナー錯視 (p.74) とは違い、短い線が向きを変えているために長い線がわん曲して見えると考えられます。下図のように短い線が長い線の外側にしかなくても長い線が傾いて見えることから、鋭角の過大視は短い斜めの線が片側だけに描かれていても起こることがわかります。

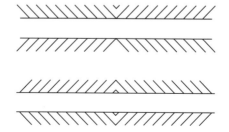

横につながった
太いひも状の図形は平行ですか?
それとも、どちらかに
傾いていますか?

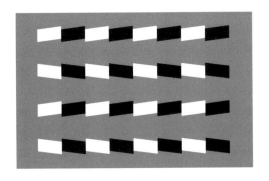

斜めエッジの錯視

傾いていません。どれも水平です。

　下の図の破線で示したように、4本の太いひもはどれも水平に描かれています。しかし、1本おきに逆向きに傾いて見えます。これは、ひもを構成している白と黒の小図形のエッジ（縁）が傾いているため、全体もその方向へ傾いている印象を与えるからだと考えられます。この錯視は北岡明佳が見つけたもので、**斜めエッジの錯視**と名付けられています。

　ツェルナー錯視（P.74）では、多数の短い線を斜めに加えると水平線がそれとは逆の向きに傾いて見えました。しかし、ここでは小図形と同じ向きに傾いて見えます。つまり、**ツェルナー錯視とは逆向きの視覚効果が生じている**のです。

　このように、似たような誘導図形が互いに逆向きの視覚効果をもたらすこともよく起こります。

次の図形には
真円はいくつあるでしょう?

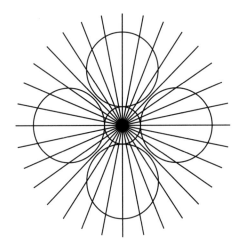

オービソン錯視

5つあります。

5つの曲線のうち、中央の1つは真円に見えますが、残りの4つは少し歪んでいるように見えます。しかし、これらも歪みのない真円です。

この錯視は、**オービソン(Orbison)錯視**とよばれています。歪んでいるように見えるのは、背景に描かれた放射状の直線のせいです。ツェルナー錯視(p.74)やヘリング錯視(p.76)と同様に、鋭角の過大視によるものと理解できます。

同じく鋭角の過大視によると説明できる錯視図形には、下のようなものもあります。ここに描かれた四角形は歪んでいるように見えますが、すべて正方形です。

ルキーシュ (Luckiesh) 錯視

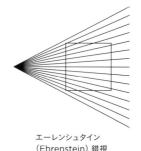

エーレンシュタイン (Ehrenstein) 錯視

黒い格子の後ろに見えている
斜めの線は、何本あるでしょうか？

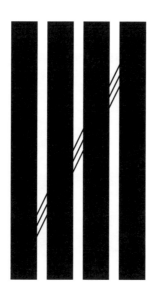

5本です。

右下の図に灰色の線で示したように、一番左の隙間Aの一番下の線は、中央の隙間Bの真ん中の線とつながり、一番右の隙間Cの一番上の線とつながります。この線の左に2本、右に2本の線がありますから、線は全部で5本です。

この錯視は、**ポッゲンドルフ (Poggendorff) 錯視**とよばれています。ポッゲンドルフ錯視は、**2本の線が斜めに交差したとき、鋭角が実際の角度より大きめに見える「鋭角の過大視」、鈍角が逆に小さめに見える「鈍角の過小視」**によるものです。

ブラインド越しに外の景色を見たときなどにもこの錯視は起こります。

線Aを延長すると、
点Pより上を通るでしょうか?
それとも下を通るでしょうか?

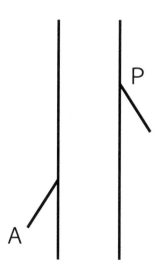

ちょうど点Pを通ります。

 しかし、線Aを延長すると点Pより下を通るように見えます。この視覚効果は**デルブーフ (Delbœuf) の角度錯視**とよばれています。

 この錯視は左下の斜めの線がもたらす効果で、右上の斜めの線はなくても起こります。

 たとえば、下の左の図のように点の位置を表す黒丸だけを残しても、同じように錯視が生じます。さらに、右の図のように右側の縦線もいりません。これは、線Aと縦線の交点が作る鋭角が過大視される現象ですから、ポッゲンドルフ錯視 (p.82) と同じ仲間に入ると考えられます。

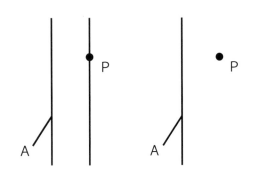

正方形の後ろの
斜めの線はまっすぐですか?
折れていますか?
折れているとしたら、
どちら向きに折れているでしょうか?

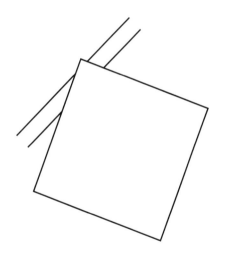

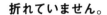
グリーンの屈折錯視

折れていません。

　2本の斜めの線が正方形の後ろ側で折れているように見えますが、それぞれまっすぐつながっています。折れているように見えるのは錯視です。**グリーン (Green) が見つけました。**

　線が正方形の後ろで折れているように見えるのは、線が斜めに他の線にぶつかったところで、鋭角が過大視された結果だと考えることができます。同じような鋭角の過大視は、ポッゲンドルフ錯視(p.82)で典型的に生じます。ただし、ポッゲンドルフ錯視では、斜めの線が平行線に挟まれた領域で隠され、交差する鋭角が過大視され、鈍角が過小視されることによって位置がずれて見えるという視覚効果が生じました。一方、前ページの図では、隠す領域の2つの辺が平行ではないため、位置ではなくて向きがずれて見え、その結果折れているように見えるのです。

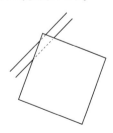

**横長のひもはそれぞれ
どちらに傾いているでしょう?**

傾いていません。

　すべてのひもの帯のような領域は、水平で互いに平行です。しかし、白と黒の**縞模様とは逆方向へ傾いて**見えます。これは、白と黒の縞模様が、ツェルナー錯視（p.74）の短い線と同じ視覚効果を生じているために起こる錯視だと考えられます。

　下の図のように、白と黒の縞模様の傾きを途中で逆に向けると帯領域が折れて見えます。これは、ヘリング錯視やヴント錯視（p.76）と同じような視覚効果だと言えるでしょう。

下の横線はそれぞれ
平行ですか?
それともどちらかに
傾いていますか?

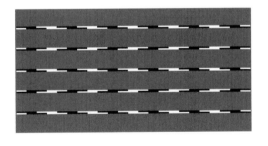

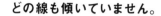

どの線も傾いていません。

　すべての線が水平です。でも1本おきに右下がりと左下がりに傾いて見えます。

　この錯視図形は**モーガン (Morgan) のねじりひも**とよばれています。

　それぞれの水平線は下の形の要素図形を横に並べて、1つおきに黒く塗って作られています。この要素図形が傾きの印象をもたらしています。

　さらに上下に隣り合う線では逆向きに要素図形を並べてあることが、錯視をより強くしています。

下の図で横線は
どちらに傾いているでしょう?

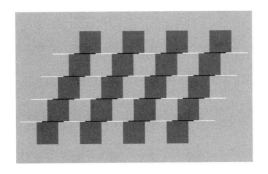

北岡の逆カフェウォール錯視

傾いていません。水平です。

横線は水平ですが、左下がりに傾いて見えます。

これに似た図形に、カフェウォール錯視図形 (p.68) があります。オリジナルのカフェウォール図形は、白と黒の四角形が互い違いにずれていましたが、それを同じ方向にずらして描くと下の図のようになります。そして、この図では、横線は右下がりに傾いて見えます。しかし、前ページの図形の見かけの傾き方は、これとは逆になっています。

違いは横線の色です。カフェウォール錯視図形では、横線は灰色一色でした。一方、前ページの図形の**横線は、白と黒が交互に使われて描かれています。これによって逆向きの錯視が起こります**。この錯視は北岡明佳が見つけたもので、**北岡の逆カフェウォール錯視**とよぶのがふさわしいでしょう。

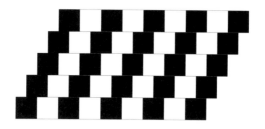

左右それぞれの図の
中央の円の中の縞は
どちらに傾いているでしょう?

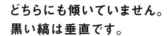

どちらにも傾いていません。
黒い縞は垂直です。

　円内の縞は、どちらも垂直です。でも背景とは反対の方向へ傾いて見えます。

　この錯視は**ブレイクモア (Blakemore) の錯視**とよばれています。ツェルナー錯視 (p.74) では、線が交差するとき、鋭角が過大視されました。下の図のように背景の線を注目する線と交差させても同様の視覚効果が生じます。前ページの図から、交差していなくても、着目する縞と背景の縞との間で、鋭角の過大視が起きることがわかります。

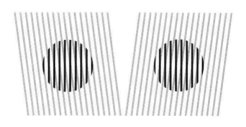

次の2つの黒丸のうち
より右にあるのはどちらでしょう?

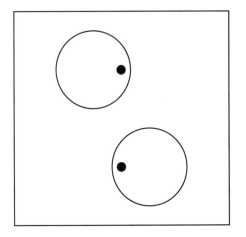

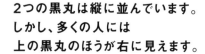

ジョヴァネッリの錯視

**2つの黒丸は縦に並んでいます。
しかし、多くの人には
上の黒丸のほうが右に見えます。**

　上の黒丸のほうが下の黒丸より右にあるように見えるのは、黒丸を囲む円によって位置の知覚が乱されるために起こる錯視で、**ジョヴァネッリ（Giovanelli）の錯視**とよばれています。ここでは、円が水平方向に互いに食い込んでいることが、黒丸も同じ方向へずれているという印象を与えるのでしょう。

　これと似た現象は、下の、**盛永（四郎）のずれ錯視**でも起こります。2つの矢羽の先端は縦に並んでいますが、互いに食い込むようにずれて見え、上の頂点が下の頂点より左にずれて見えます。頂点から線が右に出ているか左に出ているかで、位置の知覚が逆方向に乱されるのです。

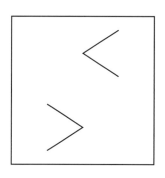

2つの水平線のうちどちらがより右にありますか?

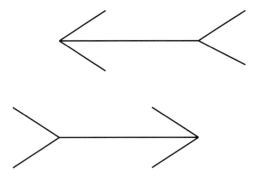

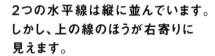

ミュラー-リヤーのずれ錯視

**2つの水平線は縦に並んでいます。
しかし、上の線のほうが右寄りに
見えます。**

　上の水平線のほうが右にずれているように見えますが、それは錯視です。下の図のように破線を引いてみれば、そのことが確認できます。

　この錯視は**ミュラー - リヤー (Müller-Lyer) のずれ錯視**とよばれます。

　ミュラー - リヤー錯視 (p.180) では矢羽を外向きに描くと水平線が長く見え、内向きに描くと短く見えます。それは、水平線の端が矢羽の延びる方向へずれて見えるためだと考えることができます。

　この効果が、前ページの図でも生じています。つまり、**矢羽を右向きに描くと水平線は右へずれ、左向きに描くと水平線も左へずれて見える**のです。

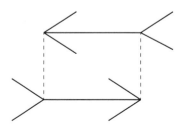

黒い点は、水平線の真ん中より
右にあるでしょうか?
それとも左にあるでしょうか?

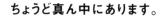
ジャッドの位置の錯視

ちょうど真ん中にあります。

中点より左にあるように見えますが、それは錯視です。下の図のように両端と黒い点から垂直な線を下ろすと、黒い点の両側が同じ長さであることが確認できます。

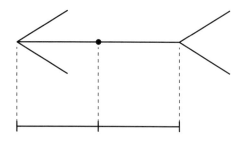

この錯視は**ジャッド (Judd) の位置の錯視**とよばれています。ミュラー - リヤーのずれ錯視 (p.98) と同じように両端で同じ方向に伸びた矢羽が水平線の位置をずらす視覚効果をもたらし、その結果、中点の位置もずれているように知覚されるのでしょう。

黒い点は、三角形の
高さの中点より
上下どちらにずれているでしょう?

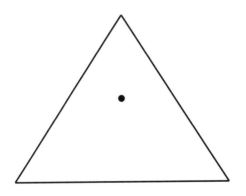

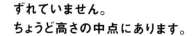

三角形の高さの中点

ずれていません。
ちょうど高さの中点にあります。

黒い点が高さの中点にあることは、下の図のように水平な破線を引いてみると確認できます。しかし、黒い点は高さの中点より上にあるように見えます。この錯視は、三角形の斜めの辺が、ジャッドの位置の錯視 (p.100) の矢羽と同じ視覚効果をもたらした結果だと考えられます。

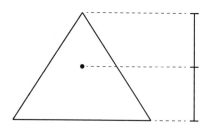

この錯視が起こる原因として、もうひとつの説があります。それは、**重心と中点の混同**です。私たちは、日常生活の中でものを持ち上げるとき、安定した状態で持ち上げるためには重心の位置を知ることが重要です。そのため、図形を見たときも、その重心に注意が向く習性があり、それが図形の中心であって、中点もその付近にあると思ってしまうという説です。

次のくもの巣を
じっと見つめてください。
放射線以外の線は
どのように見えますか?

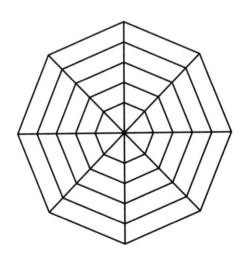

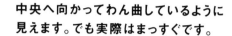

くもの巣錯視

中央へ向かってわん曲しているように見えます。でも実際はまっすぐです。

くもの巣を形づくる放射線以外の線が内側へ引っ張られるようにわん曲して見えるこの錯視は、**くもの巣錯視**とよばれています。見つけたのは**北岡明佳**です。鋭角がより小さく知覚される(過小視される)ため起こると考えられていますが、理由はよくわかっていません。ツェルナー錯視 (p.74) などでは鋭角がより大きく知覚される過大視が観察されますが、ここではその逆が起こっています。逆向きの視覚効果がどちらも起こるのは、錯視の世界ではよくあることです。

このくもの巣のような形は身近な暮らしの中にもありそうですが、たいていの場合、錯視効果に気づかないでしょう。私たちは普段、知らず知らずのうちに多くの錯視を体験しているのかもしれません。

たとえば、三角形をもとに描いた下のような図形を見つめると、放射線以外の線は、やはり内側にわん曲しているように見えてきます。

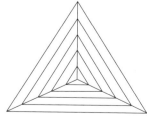

上下の端だけが見えている図形は
六角形ですが、
正六角形でしょうか？　それとも
縦方向か横方向が長い六角形でしょうか？

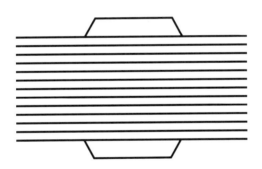

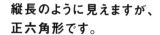

縦長のように見えますが、正六角形です。

　上下の端が見えている図形は正六角形の一部です。このことは、下の左の図のように図形全体を描いてみると確認できます。

　でも、前ページの図では縦長の六角形に見えます。これは、六角形の斜めの線が水平線とぶつかったところでできる鋭角が過大視されることによって起こっていると考えられます。

　正六角形を円に置き換えると下の右の図のようになり、真円なのに縦長の楕円形に見えます。この視覚効果は**メッツガー (Metzger) 錯視**とよばれています。前ページの図は、メッツガー錯視図形の円を正六角形に置き換えたものです。

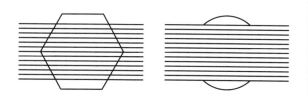

正方形のまわりを囲む曲線は真円でしょうか?それとも歪んでいるでしょうか?

HINT 曲線の図形は正方形に外接していますが、その接点で分割された4つの曲線部分のそれぞれが、どんな曲線かを観察してみてください。

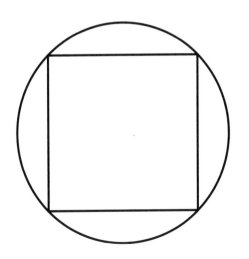

デルブーフの弧のわん曲錯視

曲線は歪んでいません。真円です。

　円は正方形に外から接しており、正方形の頂点で4つの円弧に分割されています。その1つ1つが、外側へふくらんだ曲線に見えます。

　この錯視は**デルブーフ (Delbœuf) の弧のわん曲錯視**とよばれています。

　円弧が外へふくらんで見えるのは、接点で鋭角が過大視されるためと考えられます。そのような錯視が起こるなら正方形の辺も内側へわん曲しそうですが、それは顕著には感じられません。でも、下の図のように接点を通る正方形を外側に書き加えると、新しく加えた正方形の辺が内側にわん曲する視覚効果も生じます。

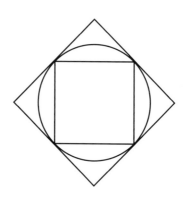

次の図の円は真円ですか?
歪んでいますか?

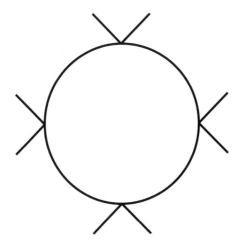

真円です。

V字型の図形の頂点で分割された4つの曲線は真円の外側へふくらんでいるように見えますが、それは錯覚です。この錯覚は**リップス（Lipps）**が指摘しています。

この錯視はデルブーフの弧のわん曲錯視（p.108）に似ています。デルブーフでは内側から図形の頂点が接していて、前ページのリップスの図形では外側から接しているという違いはありますが、どちらも弧が外側へふくらんで見える視覚効果は同じです。

ただし、円の接線とV字型図形の辺で作られる鋭角に着目すると、前ページの図では鋭角が実際より小さく感じられ、デルブーフの図形とは逆の過小視が生じます。つまり、**鋭角が過大視されるか過小視されるかという点では、デルブーフの弧のわん曲錯視とリップスのわん曲錯視は逆の錯視とみなされます。**

この図に内側から円に接する正方形を追加すると、右のようになります。これはリップスのわん曲錯視図形とデルブーフのわん曲錯視図形を合成したものと言えますが、やはり弧が外側へわん曲して見えます。

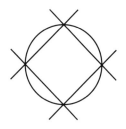

3つの折れ線の
それぞれの中央の線は、
どれが最も
垂直に近いでしょう?

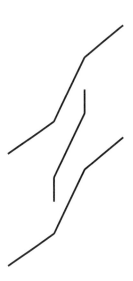

> リップスの方向錯視

3本の中央の線は互いに平行です。

　真ん中の折れ線の中央の線がほかの2本よりも垂直に近いように見えますが、3本の中央の線はすべて平行です。このことは、下の破線のように、中央の線を延長してみると確認できます。

　この錯視は**リップス(Lipps)の方向錯視**とよばれています。この錯視は、中央の線の両端から伸びている線の向きに知覚がつられるため生じるのだと考えられます。

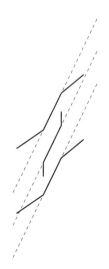

column

見ることの偉大さと危うさ

　私たちは当たり前のように目を使っているので、見たらものの形はわかるはずと思いがちではないでしょうか。でも、実際とは違うように見えてしまう錯視が起こりますので、見たからといってわかったつもりになるのは危険です。

　実は、見てものの形がわかるのは、当たり前のことではありません。大変高度な難しい作業なのです。

　このことは、人と同じような視覚機能をロボットにも持たせようとするとよくわかります。

　外の世界を目で見ると、まず網膜にその像が作られます。ここまではカメラで撮影することによって実現できます。ただし、そこで得られるのは単なる写真であって、写っているものを理解するためには、写真の情報を処理しなければなりません。

　人の場合、それをやっているのは脳です。ロボットのためには、脳の代わりにコンピュータで計算させるのですが、どのような計算を行えば脳と同じように形を理解できるのかはよくわかっていません。

たとえば、写真に写っている立体の形は、方程式で表すことができます。言い換えると、写真と同じに見える立体を解にもつ方程式を立てることができます。でも、その方程式は無限に多くの解を持ち、1つには決まりません。

　ところが人は、写真から、そこに写っている立体の形を1つに絞ることができます。どうやら人は、写真の中から立体の情報を取り出しているのではなくて、写真を手がかりにして勝手に立体を作り出しているのです。

　つまり、人の脳はいわば当てずっぽうをしているのと同じですから、いつも正しいとは限りません。たいていの場合に正しく立体を読み取れていることのほうが不思議で、それができる脳は、コンピュータが及ばない高度な情報処理を行うことのできる偉大な仕組みなのです。

　当てずっぽうは外れることもあります。そのとき錯視が起きるのです。

　ですから、錯視は、危うい作業を常に続けている脳の、高度な情報処理の勇み足の結果だと言うことができるでしょう。

「あれ？ さっきとは違う絵が……!?」
反転して見えたり、
浮き上がって見えたりする現象を通して、
私たちの「脳のクセ」まで見えてきます。

この図に描かれているのは
どんな立方体か、説明してください。

HINT　ずっと見続けていると、2つの解釈がときどき入れ替わります。

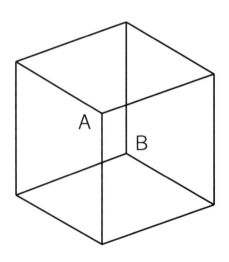

> ネッカーの立方体

**Aが表側でBが裏側の立体と、
Bが表側でAが裏側の立体の
2つの解釈ができます。**

この線図形は、立方体を紙面に垂直に投影して稜線を描いたものですが、裏側に隠れているはずの稜線も描かれているため、透明な立方体の稜線を描いた図とも言えます。その結果、Aが表側にある立方体を斜め上から見下ろしたところとも、Bが表側にある立方体を斜め下から見上げたところとも見え、2つの解釈が生まれます。**私たちの脳は状況を上から見下ろした解釈を優先する**傾向があるので、前者の解釈のほうが優先的に知覚されます。でも、眺めていると、ときどき、2つの解釈が入れ替わるのではないでしょうか。

この図形は**ネッカー(Necker)の立方体**とよばれます。また、この図のように奥行きが反転する2つの解釈が入れ替わる図形は、一般に**奥行き反転図形**とよばれます。

同じような解釈の反転は、下のようなもっと複雑な図形でも起こります。この図形では、Aが表側でB、C、Dが裏側にある立体を斜め上から見下ろした解釈と、B、C、Dが表側でAが裏側にある立体を斜め下から見上げた解釈の2つができます。

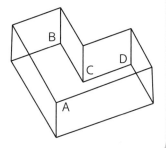

この絵をじっと見つめてください。2つの解釈ができますが、それはどのようなものでしょう?

HINT

最も素直な解釈は「右から左へ上がっていく階段を斜め上から見下ろしたところ」というものでしょう。これ以外にもう1つ解釈ができます。

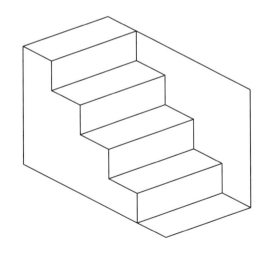

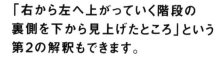

シュレーダーの階段

「右から左へ上がっていく階段の裏側を下から見上げたところ」という第2の解釈もできます。

　図形や絵はもともと2次元情報ですから、奥行きの情報は含んでいません。絵を見て奥行きを感じるのは、脳が奥行きを作り出しているからです。このような絵を見るとき、**脳は、面が一般の角度で組み合わされた構造より直角に組み合わされた構造を優先し、下から見上げているという解釈より上から見下ろしているという解釈を優先する**傾向があります。

　前ページの絵に対しても、右から左へ上がっていく階段を斜め上から見下ろしたところという解釈が素直に浮かびます。もう一方の下から見上げたところという解釈は、かなり努力して見ないと知覚されにくいと思います。

　2つ目の解釈を知覚する簡単な方法は、この絵を上下ひっくり返して見ることです。その姿勢で上から見下ろしているという解釈が自然に得られますから、その解釈を保持しながら、絵を回転してもとの向きに戻してください。そうすれば、下から見上げたところという解釈が得られるでしょう。でもこれは不安定な解釈であり、少し油断すると、第一の解釈に戻ってしまいます。

　この図形は、**シュレーダー（Schröder）の階段**とよばれています。これも**奥行き反転図形**に属します。

次の図形は、
Aが最も低いステージとなった
円形劇場のように見えますが、
もう1つの解釈ができます。
それはどんな形でしょう?

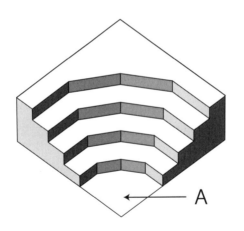

> 高さ反転錯視

Aが最も高くなった丘の形を、股の間から後ろ向きに見たところという解釈ができます。

2つ目の解釈は、下のように、図形を180度回転させて上下を逆にすると自然に知覚できます。

一般に、**すべての部分が見えている方向から描いた立体表面の図形や絵は、180度回転させて見ると、高さを反転させた立体表面の絵に一致する**という性質があります。前ページの図形は、その性質があるために2つの解釈を持つのです。実は、シュレーダーの階段(p.120)の2つの解釈も、この性質に基づいています。ただし、シュレーダーの階段図形は、180度回転したときにもとの図形と一致するため、2つ目の解釈は、1つ目の解釈と同じ形を下から見上げたところに一致していました。180度回転したときにもとの図形と一致しない一般の図形では、前ページの例のように、2つの解釈は別の形に対応します。

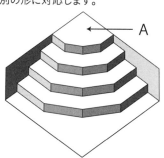

次の図には何が描かれていますか?

この図は、2種類の解釈ができます。黒い領域を図、白い領域を背景とみなした解釈と、逆に白い領域を図、黒い領域を背景とみなした解釈です。

> ルビンの盃

横から見た盃と、向かい合う顔の
どちらにも見える絵が描かれています。

　黒と白のどちらの領域を図とみなし、どちらの領域を背景とみなすかによって2つの解釈ができる図形は、**図地反転図形**とよばれます。前ページの図はその代表的なもので、**ルビン(Rubin)の盃**あるいは**ルビンの壺**とよばれています。

　この有名な図は誰にでも簡単に作れます。人の横顔のシルエット画像を1つ用意し、それを左右反転させて向かい合わせに配置し、間の隙間を黒く塗りつぶしましょう。前ページの図もこの方法で私が作ったものです。

　顔のシルエットはそれらしく描く必要がありますが、それを向かい合わせた隙間の図形は必然的に左右対称になり、**人は対称な図形をまとまりがあるものと解釈する傾向が強い**ためにこの錯視が成立すると考えられます。

　少し大胆に、上を向いた横顔のシルエットを使っても、下のようにルビンの盃の図形が作れます。

左の図を右目で、
右の図を左目で見てください。
何が見えますか?

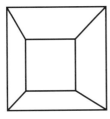 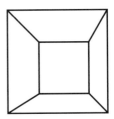

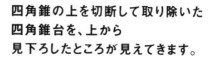

両眼立体視

四角錐の上を切断して取り除いた四角錐台を、上から見下ろしたところが見えてきます。

　これは、右目用の図と左目用の図を並べた**ステレオグラム**（**両眼立体視図**）とよばれる図です。2つの図をそれぞれの目で見て融合させると立体が浮かび上がります。

　その見方は2種類あります。左の図を左目で、右の図を右目で見る方法は**順視**、左の図を右目で、右の図を左目で見る方法は**逆視**または**交差視**とよばれます。

　順視は図が描かれた紙面より遠くを見る気持ちで眺めるとでき、逆視は紙面より近くを見る気持ちで眺めるとできます。2つの図が右目と左目の距離（6〜7センチぐらい）より離れていると、順視での立体視は非常に難しくなりますが、逆視は、2つの図形の距離が大きくてもできます。

　私たちが2つの目でものを見て、右目と左目での見え方の違いからものの奥行きを知る仕組みは、**両眼立体視**（略して**立体視**）とよばれます。右目に映るはずの絵や図形と、左目に映るはずの絵や図形のペアがステレオグラムで、それを対応する目で見ると、立体を直接見たときと同じように奥行きを感じることができるのです。

　順視と逆視では、知覚される奥行きが反転します。前ページの図では、順視だと奥へ凹んだ図形が見え、逆視だと四角錐台を上から見下ろしたように見えます。

左の図を右目で見て、
右の図を左目で見てください。
何が見えてきますか?

HINT　紙面より手前を見るようにすると、左図を右目で、右図を左目で見やすくなります。できない方は、人差し指を紙面と目の間に置いてその指先を見るようにするとやりやすくなるかもしれません。

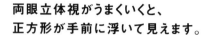

両眼立体視がうまくいくと、正方形が手前に浮いて見えます。

この図の作り方は次の通りです。

まず、白と黒の小正方形を正方形領域にランダムに配置し、左目用の図を作ります。

次に下の図に示すように中央付近にA、B、Cの3つの領域をとります。

AとBを合わせた領域は正方形です。

AとCは同じ幅なので、BとCを合わせた領域も正方形です。

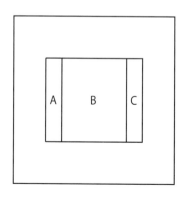

次にA内のパターンを消去し、BとCのパターンを左へ平行移動しAとBの領域へ置きます。

　最後に、Cを新しいランダムドットパターンで埋めます。

　こうしてできた第2の図を右目用の図とします。

　右目用の図では領域B、Cが左目用の図より左へずれていますから、中央が周辺より近くにあると知覚されます。

　逆に領域A、Bを右へずらすと、中央が周辺より遠くにあると知覚されます。

　また、右目用の図と左目用の図を交換しても、同じように奥行きが逆転して知覚されます。

　このような図は、**ユレシュ (Julesz)** が最初に創作したもので、**ランダムドットステレオグラム**とよばれています。

　このユレシュのランダムドットステレオグラムが創作される以前には、人が両目でものを見て、その奥行きを知覚する両眼立体視は、まず、それぞれの網膜像から見えているものの2次元の形を認識し、次に左右の像を対応させて行うものだと思われていました。

　しかし、このランダムドットパターンでは、左右のそれぞれの像を見ただけでは何が描かれているかは認識できません。それでも両眼立体視ができることを、このランダムドットステレオグラムが明らかにしました。

ユレシュは、私たちの脳が左右それぞれに映っているものを認識しなくても左右像の対応ができ、両眼立体視ができること、そして、そのあとで形の認識ができることを初めて示したのです。これは、両眼立体視の仕組みについての新しい発見で、視覚科学を大きく進歩させるきっかけになりました。

左側を右目で、
右側を左目で見てください。
何が見えるでしょう?

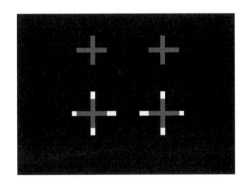

> レディース=シュピルマン図形

**両眼立体視に成功すると、
上は、縦に伸びた灰色の板の手前に
横に伸びた灰色の板があるように見え、
下は、白の十字型の前に
半透明の灰色の円が重なっている
ように見えます。**

　灰色の図形に着目すると、上と下は同じ図形なのに、まわりに白い図形があるかないかによって、知覚される形が全く変わってしまいます。

　この図形は**レディース=シュピルマン(Redies and Spillmann)図形**とよばれています。

　前ページの上の図で、灰色の横板が縦板よりも手前にあるように見えるのは、横板が右図（左目用の図）で右にずれているためです。

　しかし、下の図では、灰色の図形に奥行きの違いは知覚されません。

　これは、白と灰色を合わせた領域が十字型に対応していると解釈され、その領域の形が左右で同じであるためだと考えられます。言い換えると、灰色は十字型ではなく半透明な円だと解釈されるため縦の板のずれが知覚されなくなるわけです。

図の紙面より手前に注目する
ようにして、右目より左目のほうが
より右側を見るようにしてください。
何が見えてきますか？

HINT

1枚の図ですが、これもステレオグラムです。

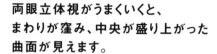

単一画ステレオグラム

両眼立体視がうまくいくと、まわりが窪み、中央が盛り上がった曲面が見えます。

通常のステレオグラムでは、右目用の図と左目用の図の2枚をそれぞれの目で見て融合します。それに対して、前ページの図は、1枚で右目用の図と左目用の図を兼ねています。

この図では、似たようなパターンが横方向に繰り返し現れています。ただし、全く同じパターンの繰り返しではなくて少しずつ変形しながら繰り返されています。

右目と左目で、この繰り返しの隣り合うパターンを見てください。右目でこの図を見たら、左目では繰り返しパターンの1つ分だけ右へずらした位置を見ます。これによって左右の目でわずかに異なるパターンを見ることになり、それを融合すると立体視ができます。

1枚の図だけでステレオグラムができると聞くと驚かれるかもしれませんが、これに似た視覚体験は日常生活でも起こります。たとえば金網越しに遠くの景色を眺めたとき、金網が実際とは違う距離にあるように感じられることがありますが、これは金網が繰り返しパターンでできているために、異なる部分が左右の目で融合されて立体視が働くためです。

この図は何の絵でしょう?

HINT

右にある黒い点はひとまず忘れて、左側の図が何を表しているかを考えてください。普通に見ると意味不明ですが、特別な見方をすると何かが見えてきます。

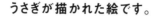

うさぎが描かれた絵です。

　この図は正面から見るのではなく、特別なところから見るように作られています。右の黒い点に目を近づけてこの絵を見ると、下のうさぎの形が見えてきます。このように、正面ではなく特別な位置から見たとき正しく見えるように変形された絵は**アナモルフォーズ**とよばれています。

　下の普通の絵から、前ページのようなアナモルフォーズを作る方法は次の通りです。

　普通の絵を透明なシートに描き、それを正面から見る目の位置を一つ選んで、そこに点光源を置きます。そして、透明シートの後ろ側に紙を斜めに置き、そこに投影された絵をなぞります。それがアナモルフォーズで、光源の位置に目を置いて見ると、元の絵と同じに見えます。

止まっているはずの絵が
動いて見えるのはなぜでしょう？
目を疑うような激しい動きもまた、
脳の情報処理の過程で
作り出されているのです。

紙面をゆっくり動かしてください。
どんなふうに見えますか?

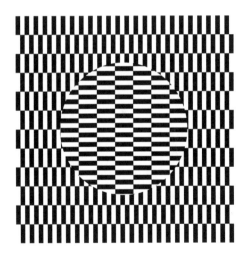

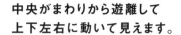

中央がまわりから遊離して
上下左右に動いて見えます。

　1枚の静止画なのに場所ごとに別の動きが見えてくるこの錯視は、**オオウチ錯視**とよばれています。グラフィックデザイナーのオオウチハジメが米国で出版した作品集の中に、動いて見える錯視図形が含まれていることを**シュピルマン (Spillmann)等**が発見し、この名前をつけました。前ページの図は、オオウチのオリジナルの図形を少し簡単にしたものです。

　動きを検出する脳の細胞は、それぞれ網膜上の小さい領域を受け持っています。これは、その細胞の受容野とよばれます。受容野を横切る線が動いたとき、そこを受け持つ細胞は線に垂直な方向の動きしか検出できません。前ページの図においても、横線の多い中央領域では縦方向の動きがよく検出され、縦線の多い周辺領域では横方向の動きがよく検出されます。その結果、全体が同じ動きをしていても、中央と周辺が別の動きをしているように見えるのだと考えられています。

紙面をゆっくり動かしてください。
どんなふうに見えますか?

UFOのラインダンス

列ごとに異なる、
ゆれるような動きが見えてきます。

　なぜ、このような動きが見えてくるのでしょうか？
　絵に隠された秘密を探るために、じっくり観察してみましょう。
　1つ1つのUFOの輪郭は、白い線と黒い線で描かれています。白い線は大まかに45度方向を向いています。黒い線も、大まかに同じ方向を向いています。そして、その大まかな方向は横に並んだUFOでは揃っていますが、上下に隣り合う列では逆向きの45度になっています。つまり直交しています。そのために、オオウチ錯視（p.140）と同じ原理が働いて、列ごとに違う動きをしているように見えるのです。
　この輪郭線は、大まかには同じ方向を向いていますが、細かく見ると曲線ですから、少しずつ向きが変わっています。脳の中の動きを検出する個々の細胞は、受け持つ線の方向が決まっていて、特定の方向の線だけに反応しますから、この図のように少しずつ向きの異なる線を使うと、より多くの細胞が興奮し、激しい動きが見えてくると考えられます。

紙面をゆっくり動かしてください。
何が見えてきますか？

HINT

全体は1枚の静止画ですが、中央はシャープな絵、周辺はボケた絵になっています。

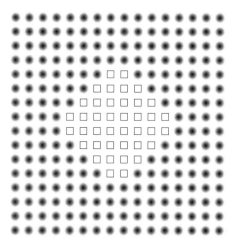

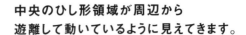

浮遊運動錯視

中央のひし形領域が周辺から遊離して動いているように見えてきます。

　この錯視は**ピンナ**（Pinna）と**シュピルマン**（Spillmann）が見つけたもので、**浮遊運動錯視**とよばれています。網膜上で像が動いたとき、シャープな線とボケた図形は異なる仕組みで動きが検出されるため、その検出時間も異なります。この時間差のために中央と周辺が別の動きに見えると考えられます。

　この浮遊錯視は非常に強く、下の図のように中央に穴をあけても、シャープな部分が浮遊して見えます。

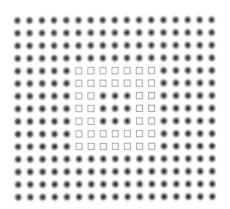

中央の白い点を見つめながら顔を近づけたり離したりしてみてください。何が見えてきますか?

白と黒で縁取られた灰色の正方形が円周上に並んでいます。それを直接見るのではなくて、中央の白い点を見つめてください。

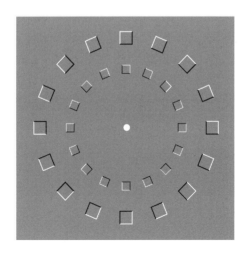

ピンナの回転錯視

回転運動が見えてきます。

　中央の白い点を見つめながら、紙面に顔を近づけたり離したりすると、正方形の小図形が円周に沿って回転して見えます。隣り合う円周上の図形は逆方向へ回転します。さらに、紙面に顔を近づけるときと、紙面から顔を離すときとでは、逆向きに回転します。

　この錯視は、心理学者**ピンナ（Pinna）**が見つけたもので、**ピンナの回転錯視**とよばれています。

　紙面に顔を近づけると、網膜上では見つめている白い点を中心に図形が拡大します。逆に紙面から顔を離すと、中心へ向かって縮小します。ですから、物理的には、網膜像は拡大と縮小をくり返すだけで、回転の要素は含まれません。ではなぜ、回転運動が見えるのでしょう？

　小図形の白い線と黒い線は平均的には、それぞれ下の図の破線で示す方向を向いているとみなせます。この方向が円の直径方向から45度傾いているために、拡大・縮小の動きのうち破線に垂直な方向の成分が知覚され、回転が見えてくるのだと考えられます。

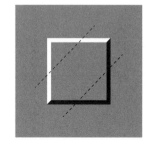

紙面を目の前で
左右に細かく速く動かしてください。
どんなふうに見えますか?

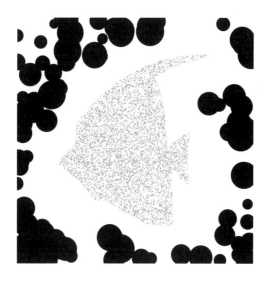

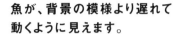
遅れて動く魚

魚が、背景の模様より遅れて動くように見えます。

　全体が1枚の静止画ですから、目の前でそれを動かせば、物理的には全体が同じ動きをするはずです。一部が他から分離して別の動きが見えるのは錯視です。

　この錯視は、脳で処理するのにかかる時間が図形によって違うために起こると考えられます。

　強いコントラストではっきり描かれた図形の動きは、脳が短い時間で検出できます。一方、弱いコントラストで描かれた図形の動きは、脳が検出するのにもっと長い時間がかかります。

　前のページの図形で、周辺の水玉模様は強いコントラストで描かれていますから、動きが速く検出され、魚は弱いコントラストで描かれているために、その動きを検出するのに時間がかかります。そのため、私たちは、動きが遅れて知覚された魚と、動きが速く知覚された水玉模様とが別の動きをしているように感じるのです。

　前ページの図形は私が作ったものですが、この錯視の原理は、日本の心理学者の**北岡明佳と蘆田宏**が見つけたもので、**北岡・蘆田のコントラスト差による浮遊錯視**とよぶのがふさわしいでしょう。

column

静止図形が
動いて見える錯視は、
自分の目が動いているため

　静止図形が動いて見える錯視をいくつか紹介しました。うねる海面 (p.26)、オオウチ錯視 (p.140)、UFOのラインダンス (p.142)、浮遊運動錯視 (p.144) などです。これらは、紙面を動かすとよく動きますが、紙面を動かさないでただ見ているだけでも、一部が他の部分から遊離してフラフラ動いて見えます。

　なぜ動くかというと、実は、私たちの目が動いていて、その動きが見えているからなのです。

　目は、光を受けるセンサーですが、同じところで光を受け続けると感度が落ちてだんだん見えにくくなってしまいます。ですから、それを避けるために、私たちの目はいつも細かくランダムに動いて、光を受ける場所を変えています。つまり、静止図形をじっと見つめているときでも、網膜に写った像は細かく動いているのです。

　動きを検出する脳の細胞は、それぞれ、網膜の狭い領域を受け持ち、その中で起こる動きを検出します。でも、受け持つ領域がとても狭いので、見ている図形の縁＝エッジが動いたとき、本当の動きの方向ではなくて、エッジに

垂直な方向の動き成分しか検出できません。そのため、図形の中にエッジ方向が揃った領域があると、そこではそのエッジに垂直な方向の動きが目立つことになります。ですから、場所ごとに違う方向にエッジが揃っていると、網膜の中で像が同じように動いていても、場所ごとに違う動き成分が検出され、結果として、一部が他から遊離して動いているように見えるのです。

実際、この本で紹介した錯視図形では、ある方向にエッジが揃っている領域と、それと直交する方向にエッジが揃っている領域が隣り合うように配置されていて、互いに遊離した動きを創り出しているのです。

実際よりも明るく見えたり、逆に暗く見えたりする錯視の原理は、油絵などの絵画技法でも使われています。キーワードは「対比」と「同化」、そして「補正」です。

横に並んだ正方形A〜Eの明るさは、どんな順序でしょうか？

HINT

一番明るいものから一番暗いものへの順序をつけてください。

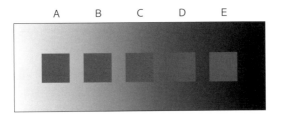

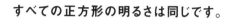

明るさの対比

すべての正方形の明るさは同じです。

　でも、左のほうが暗く、右のほうが明るく見えるのではないでしょうか。

　下の2つのグラフは、物理的な明るさ（P）と、主観的に感じられる明るさ（Q）を示したものです。横軸は上の図の図柄の位置と対応しています。縦軸は明るさを表し、上へ行くほど明るく、下へ行くほど暗いことを表します。

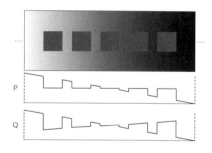

　このグラフの通り、背景には白から黒へなめらかに変わるグラデーションがかかっていますが、正方形はすべて同じ明るさの灰色です。しかし、**私たちの脳は正方形の明るさをその周辺の背景の明るさと対比させて知覚する**ため、明るい背景に置かれた正方形は暗く、暗い背景に置かれた正方形は明るく感じるのです。この視覚効果は、**明るさの対比**とよばれます。

暗闇に置かれた
2枚の板の片方に
スポットライトが当たっています。
板はどちらが明るいでしょう?

2枚の板は同じ明るさです。

明るさが等しいことは、下の図のように2つの四角形を同じ灰色の帯でつなぐと確認できます。でも、スポットライトの当たっている右の板のほうが暗く見えます。この錯視も、対象の明るさがまわりの明るさとは反対方向に変わって見える現象ですから、**明るさの対比** (p.154) に属します。

この例から、脳がなぜ明るさの対比という錯視を起こすかがよくわかります。スポットライトの当たっている右の板はより明るく見えるはずと脳は考え、それを補正しようとするために右の板がより暗く見えるのでしょう。

普段の生活での私たちの関心の中心は、通常の照明の下でものがどう見えるかですから、特別に強い光が当たった場面だと解釈すると、脳はそれを差し引いて普通の照明下での明るさを理解しようとします。この視覚現象も、脳が頑張っている結果なのです。

ろうそくが丸い窓の中央に
見えている図が、2つあります。
2つの丸い窓のうち、
より明るいのはどちらでしょう?

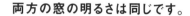

両方の窓の明るさは同じです。

　左の窓のまわりを特に明るく描いてあるわけではありませんが、そこだけまぶしく輝いて見えるのではないでしょうか。

　窓を横切る水平な破線に沿った明るさをその下のグラフに示しました。このグラフからわかる通り、窓の内部の領域は窓枠の外の紙面と同じ白です。

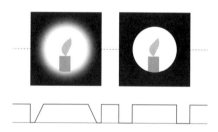

　注目ポイントは、左の窓枠の部分には、中へ向かって黒から白へグラデーションがかかっていることです。このグラデーションのために窓枠の内側が特に輝くように明るく見えてくるのです。

　これは、**脳が明るさの違いを際立たせようとする処理をしているために起こる**視覚効果です。グラデーションの終わったところで特に輝くように見える帯領域は**マッハ (Mach) の帯**とよばれています。

下の図はこの錯視の基本図形です。白い領域と黒い領域の中間はなめらかに明るさの変わるグラデーション領域でつながれています。

　この図の明るさの値は図のすぐ下に示したグラフの通りです。しかし、グラデーション領域の両端では、明るさと暗さが強調されて知覚されます。つまり、白領域とつながる部分ではより明るく、黒領域とつながる部分ではより暗く感じられるのです。実際より明るく感じられる帯領域と、実際より暗く感じられる帯領域は、どちらもマッハの帯とよばれます。

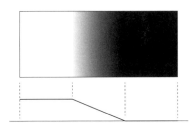

この視覚効果は、古くから油絵などで絵画技法としても使われてきました。オランダの画家レンブラント（Rembrandt, 1606-1669）は、作品「夜警」に代表されるように、夜の暗さの中に光に照らされたモチーフが鮮やかに浮かび上がるシーンなどを描くことが得意です。そのために「光の魔術師」とよばれることもあります。

　レンブラントは、現在マッハの帯とよばれている視覚効果に早くから気づき、それを作品の中で効果的に用いたわけです。彼の作品を見ると、油絵なのに光を感じさせる部分だけがまぶしく輝き、まるでキャンバスの裏に電球が潜ませてあるかのような印象を受けます。

　人の目には瞳孔とよばれる光を受ける窓があります。この瞳孔は、光が強いとすぼまり、弱いと開くという具合に、目に入る光の量を調整する機能を持っていますが、マッハの帯を見たときには、この瞳孔がすぼまるという実験結果が得られています。このことからも、私たちの知覚は、目に届く物理的な光の強さではなく、それを脳で処理した主観的な強さに基づいているということ、言い換えると、錯視は脳が作り出しているということがよくわかります。

黒や灰色で同心円が描かれた
図が2つあります。
それぞれの図の灰色の円は、
どちらが明るいでしょう?

HINT

白と黒の円形の縞模様の背景に置かれています
が、一方は白で挟まれ、もう一方は黒で挟まれて
います。

ホン=シェベル錯視

両方の灰色は同じ明るさです。

でも白に挟まれた灰色のほうが、黒に挟まれた灰色より明るく見えます。

この錯視は**ホン=シェベル (Hong and Shevell) 錯視**とよばれています。注目している灰色が、それを挟む両側の明るさに近づく現象は、**明るさの同化**とよばれています。このホン=シェベル錯視は明るさの同化に属します。

もう一方で明るさの対比 (p.154) という現象もありました。それは、灰色の明るさがそれを囲むまわりの明るさとは逆方向へ変化して見える現象でした。同化と対比は全く逆方向の明るさの変化です。

前ページの図から白い円や黒い円を除いて、単純な白または黒の背景に、灰色の環を置くと、下のように明るさの対比が起こり、白バックの円のほうが暗い灰色に見えます。このことから、前ページの図形のような明るさの同化が起こるためには、白黒が交互に描かれた背景であることが重要だとわかります。

中央の境界付近以外の部分に注目してください。どちらの長方形が明るいでしょう?

HINT

2つの長方形の境界付近では明るさが変化していますが、それ以外はそれぞれ一様な明るさに見えるでしょう。この一様な明るさは、左右どちらが明るいかを考えてください。

明るさは同じです。

　右のほうが明るく見えますが、それは錯視です。
　水平方向に明るさが変化する様子を表したのが下のグラフです。上のほうが明るく、下のほうが暗いことを表します。左右の領域は同じ明るさですが、境界に向かって、一方は次第に暗く、もう一方は次第に明るく変化する逆方向へのグラデーションがかかっています。この境界付近の明るさの違いを、脳が全体の解釈に延長して知覚するために起こる錯視だと考えられます。この錯視はこれを見つけた3名の研究者の名前を並べて、**クレイク＝オブライエン＝コーンスイート**（Craik, O' Brien and Cornsweet）錯視とよばれています。

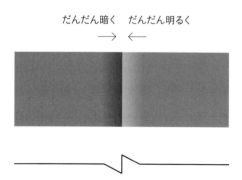

ついたての左右の側面は
どちらが明るいでしょう?

HINT

2つのついたての境界付近では明るさが変化していますが、そこではなく、それぞれの面の中央付近の明るさを比べてください。

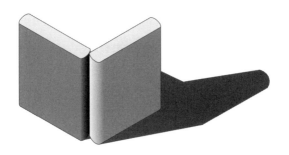

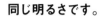

同じ明るさです。

　左のついたてのほうが暗く見えますが、それは錯視です。実際、右ページの図のように2つの面の中央付近をつないでみると、同じ明るさであることが確かめられます。

　2つの面の境界付近では、クレイク＝オブライエン＝コーンスイート錯視図形 (p.164) と同じように、境界線に向かって一方は次第に暗く、もう一方は次第に明るくなるグラデーションがかかっています。ですから、これも**クレイク＝オブライエン＝コーンスイート効果**と言えます。

　私たちの脳は、この図を抽象的な2つの四角形ではなくついたての側面と解釈し、2つのついたての境界付近の陰影と影の位置から、照明は左上から当たっていると推測します。

　その結果、脳は左のほうがより強くライティングされているはずと考え、その分を補正します。このことが、錯視効果をいっそう強めていると考えられます。

　立体の異なる方向を向いた面の絵の上でクレイク＝オブライエン＝コーンスイート効果を鮮やかに示したのは神経心理学者の**ボー・ロット（Beau Lotto）**です。前ページの図は、彼のまねをして私が作ったものです。

このような図を見ると、脳が照明の強さの違いを補正して、ものの表面の明るさを読み取ろうと頑張っていることがよくわかります。言い換えると、脳がなぜクレイク=オブライエン=コーンスイート錯視を起こすのかがよく理解できます。

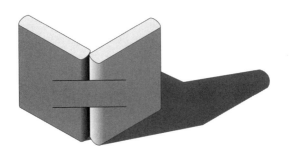

縦に並んだ一番右の列の小図形と
一番左の列の小図形では、
どちらが暗いでしょう?

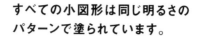

波のグラデーション

すべての小図形は同じ明るさのパターンで塗られています。

　一番左の列が明るく、右へ行くほど暗く見えますが、それは錯視です。それぞれの小図形はその1つを取り出した下図のように、すべて同様に左から右へ向かってだんだん明るくなるグラデーションがかかっています。

　ですから、横方向に隣り合う2つでは、境界線の左が明るく、右が暗く見えます。この知覚が積み重なって、一番左の縦列の図形が最も明るく、一番右の縦列の図形が最も暗く感じるのです。

　これは小図形の境界の両側の明るさの差が、広い領域に延長されて知覚される現象で、クレイク＝オブライエン＝コーンスイート錯視 (p.164) のバリエーションとみなすことができるでしょう。

　この視覚効果は、**渡辺功**等 (Watanabe, Cavanagh, Anstis and Shrira) がグラデーションのかかったダイヤモンド形の小図形を並べて示しました。この図形は**陰影付ダイヤモンド錯視**とよばれています。前ページの図は、それを応用して作ったものです。

下の正方形を構成する 4つの二等辺三角形の2辺は、 白い線になっていますか?

HINT

正方形を2つの対角線で4つの三角形に分割して考えてください。これは濃淡の同じ4つの二等辺三角形を90度ごとに回転して組み合わせて作った図形です。

> ヴァザルリ錯視
>
> **4つの三角形の間に
> 白い線はありませんが、
> 三角形の2辺が白く見え、
> 正方形が4つに区切られて見えます。**

対角線がとても明るく見えますが、それは錯視です。

この錯視は**ヴァザルリ (Vasarely) 錯視**とよばれています。ヴァザルリはフランスの芸術家で、錯視効果を利用したアート、「オプ・アート」を開拓した人の一人です。

対角線上が明るく見える理由は、下の右の図である程度説明できます。黒丸で示した点Aと点Bを中心とする小正方形領域を比べてみましょう。点Aがある小領域では上半分が点Aより暗く下半分が明るいので、小領域の明るさの平均は点Aの明るさに一致します。一方、対角線上の点Bがある小領域では、右、右上、上の4分の3の領域が点Bより暗く、左下の4分の1の領域だけが点Bより明るいため、点Bはまわりの小領域の平均より明るく知覚されるのだと考えられます。

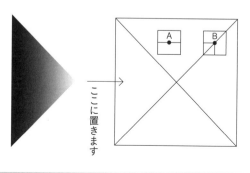

中央の灰色は
どちらが明るいでしょう?

左の図では、黒い背景に置かれた灰色が白い格子で覆われています。右の図では、白い背景に置かれた灰色が黒い格子で覆われています。

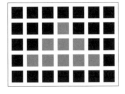
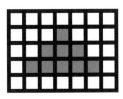

> ブレッサンの土牢錯視

灰色部分は同じ明るさです。

　左の灰色のほうが右より明るく見えますが、それは錯視です。この錯視は**ブレッサン (Bressan) の土牢錯視**とよばれています。

　この錯視は明るさに関する2種類の視覚効果が重なって起こっていると考えられます。その第一は、次の上段の図に示すように、黒の背景に置かれた左の灰色のほうが白の背景に置かれた右の灰色より明るく見えるという明るさの対比 (p.154) の効果です。その第二は下段の図に示すように、白の格子の後ろに置かれた左の灰色のほうが、黒い格子の後ろに置かれた右の灰色より明るく見えるという明るさの同化 (p.38) の効果です。前ページの図ではこの2つが加算されて、強い錯視効果が生じています。

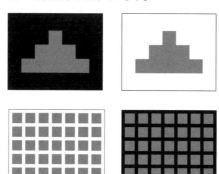

column

本当のことを知っても
修正できない

　錯視は、見たものが実際とは違うように見えるだけではなく、本当はこうだと真実を知ったあとでも、やはり起きてしまい、修正できません。錯視は単なる勘違いではなくて、目や脳の構造に根ざした奥深いものなのです。

　目で見てものの形を理解する視覚行為は、経験や知識を用いた論理的で知的な活動だと思いがちではないでしょうか。でも、そうではないことが錯視を観察するとわかります。脳は、知識や理性を無視して、意識の及ばない奥深いところで勝手な情報処理を行って知覚を作り出します。

　たとえば、道路が登り坂か下り坂かを逆に感じる縦断勾配錯視 (p.246) は、自然渋滞の原因になることがわかっています。登りなのにそのことに気付かないと、アクセルを踏むタイミングが遅れて車のスピードが落ちますが、混んでいるとそれが後ろの車へ増幅されて伝わるために、どんどんスピードが落ちて渋滞が発生するのです。ゴールデンウイークなどの混雑時にいつも同じ場所で渋滞が起こるのはそのためです。

ドライバーに注意を促す目的で、「この先 登り坂」とか「減速注意」などの看板を立てても、十分な効果は得られません。文字の意味を理解する理性的作業に時間をかけている間に、脳の自動回路で高速に処理された錯視のほうが先に起こり、アクセルを踏むのが遅れてしまうからです。

　このように渋滞解消の難しさは、錯視の根深さにもその一因があります。

第 7 章

大きく見える、
長く見える！

脳はつられる、脳は補正する、脳は遠近法を知っている——。
脳の「頑張り」が、錯視を生むのです。

2本の水平な線は、上と下のどちらが長いでしょう?

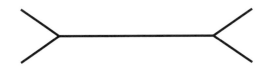

長さは同じです。

長さが同じであることは、次のように縦の線を引いてみれば確かめることができます。

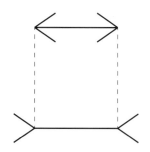

水平線の両端に、斜めの矢羽の線が描かれていますが、外向きの矢羽を加えたほうが、内向きの矢羽を加えたものより長く見えます。この現象は、**ミュラー‐リヤー(Müller-Lyer)錯視**とよばれています。

この錯視は、矢羽を加えただけで、注目している線の長さが実際とは異なるように知覚されてしまうことを示しています。

実際、私たちがものを見るとき、注目しているものが孤立していない限り、周りからの影響を取り除くことはできません。このことはいろいろな錯視の原因となっています。

破線で示す水平線上での
黒い区間と白い区間の長さは、
どちらが長いでしょう?

黒塗りミュラー-リヤー図形

区間の長さは黒も白も同じです。

白い区間より黒い区間のほうが長く見えますが、これは錯視です。

下の図のように区間の端点から縦線を描いてみると、それぞれの区間の長さがすべて等しいことが確認できます。

黒い図形の両端の斜めの線は、ミュラー-リヤー錯視図形(p.180)の矢羽と同じ形をしています。この矢羽の形によって、ミュラー-リヤー錯視の場合と同じように、水平区間の長さが違って見えると考えられます。

竹の節から節までの長さは、
どこが長くてどこが短いでしょうか?

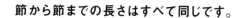
竹林の背比べ

節から節までの長さはすべて同じです。

　長さが等しいことは、下の図のように水平な補助線を描いてみれば納得できるでしょう。

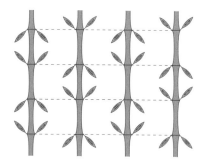

　しかし、多くの人にとって、葉が外向きについたところは長く見え、内向きについたところは短く見えます。この視覚効果は、ミュラー - リヤー錯視(p.180)に似ています。ミュラー - リヤー錯視図形の水平線が竹の幹に替わり、矢羽が竹の葉に替わって、それが90度回転したものになっているからです。

次の図形が表す四角形は、縦長でしょうか、横長でしょうか?

HINT　図形は黒い平行線で構成されていますが、それらの平行線を囲む外接図形の形について考えてください。

正方形です。

　この図形は縦に長い長方形に見えますが、それは錯視です。この錯視図形は**ヘルムホルツ (Helmholtz) の正方形**とよばれています。

　縦縞の服を着るとスマートに見えると言われることがありますが、下図のように前ページの横縞の図を90度回転させて縦縞にすると、その外接図形は横長の長方形に見えます。少なくとも2次元図形の場合は、縦縞より横縞のほうが横幅が狭く見えるのです。服を着た身体は2次元図形ではなく円筒形のような立体ですから、縦縞は等間隔ではなく端へ近づくほど狭くなり、その結果、2次元図形とは異なる視覚効果が生じるのでしょう。

　一方、横縞の服は端へ行っても縞の間隔が変わらないため、2次元図形と同じ効果が残ると考えられます。ヘルムホルツの正方形錯視からは、横縞の模様の服でも細く見える効果が生じる可能性があることがわかります。

次の図形の外側の線を結んでできる四角形は、縦長でしょうか、それとも横長でしょうか?

縦長に見えるけれど、それは錯覚で、きっと正方形に違いないと想像されるのではないでしょうか。でも、違います。

デ・サヴィニィ錯視

横長です。

　図形の右下の角を中心とし、下の辺を半径とする円を描くと下のようになります。この円は、図形の右上の頂点を内部に含みます。このことから、縦の長さはこの円の半径より短いことがわかります。つまり、この図形の外側を囲む四角形は横長なのです。実際、横の長さは、縦の長さより10パーセント以上長くなっています。

　この錯視は、左右の境界がヒダを成しているせいで、左右の端を実際より内側に知覚するために起こると考えられます。ヘルムホルツの錯視図形 (p.186) を構成している正方形をひし形に置き換えると錯視が強くなることは**デ・サヴィニィ (De Savigny)** が見つけました。

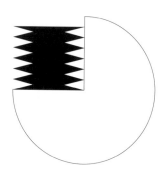

上の図形の上の辺と下の図形の下の辺は、どちらが長いでしょう?

HINT

台形自体はあきらかに上のほうが大きいですが、比べていただきたいのは大きい台形の短い横線と、小さい台形の長い横線です。

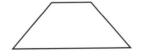

長さは同じです。

　左下の図のように、注目する2つの線の両端をつなぐ破線を引くと、長さが等しいことが確認できます。

　しかし、多くの人にとって、上の図形の上の辺のほうが長く感じられます。この錯視は、**ティチェナー (Titchener)** が示しました。

　右下の図のように、注目する2つの線とそれにつながる斜めの線に着目すると、ミュラー - リヤー錯視図形 (p.180) の斜めの線が片方だけ描かれた図形になっていることがわかります。そして、斜めの線が外向きについている線のほうが長く感じられることも、ミュラー - リヤー錯視と同じです。したがって、この錯視は、ミュラー - リヤー錯視の変形と考えることができます。

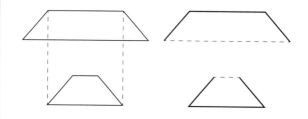

右から2番目の木は、
左右の端の木の中央より
右にあるでしょうか、
左にあるでしょうか？

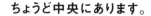

ちょうど中央にあります。

しかし、真ん中より少し右にずれているように感じるのではないでしょうか。

下の図のように両端と真ん中に縦の線を描いたあと、片側にたくさん線を描くと、線を描かなかったほうの幅が小さく感じられます。

この視覚効果は、オッペル (Oppel) とクント (Kundt) がそれぞれ独立して見つけたもので、**オッペル＝クント錯視**とよばれています。前ページの図形は、オッペル＝クント錯視図形を変形したものです。

2つのわん曲図形は、どちらが大きいでしょうか?

2つの図形の太さはほぼ等しく感じられます。長さはどちらが長いかを答えてください。

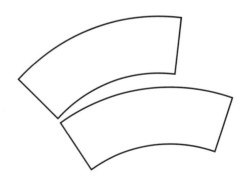

> ジャストロー錯視

2つの図形は
形も大きさも全く同じです。

しかし多くの人にとって、下の図形のほうが大きく感じられます。これは、私たちが図形の大きさを比べるとき、互いに接近した部分の大きさから判断するためだと考えられます。この錯視は**ジャストロー（Jastrow）錯視**とよばれています。

ジャストロー錯視は、日常生活の中でもよく起こります。たとえば、鉄道模型のレールの同じ長さのわん曲部を写真のように2つ縦に並べると、大きさが違って見えます。

バナナでも同じことが起こります。下の2枚の画像は、2本のバナナの位置を入れ替えて撮影したのですが、いずれも下のバナナのほうが大きく見えます。

下の図の中央の円は、
左と右のどちらが
大きいでしょうか？

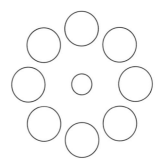

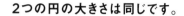

2つの円の大きさは同じです。

中央の2つの円が同じ大きさであることは、下のように平行な破線で挟んでみると確かめられます。

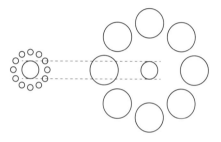

しかし多くの人にとって、小さな円で囲まれた左の円のほうが大きく感じられるでしょう。これは、中央の円の大きさをまわりの円と比較しながら判断するために起きる錯視だと考えられます。この錯視は**エビングハウス (Ebbinghaus) 錯視**、あるいは**ティチェナー (Titchener) 錯視**とよばれています。

たとえばダイヤモンドの指輪をデザインするときなら、まわりを大きな宝石で囲むより小さめの宝石で囲んだほうが、中央のダイヤモンドが大きく豪華に見えるという視覚効果につながるかもしれません。

**上下の水平線は、
どちらが長いでしょうか?**

長さは同じです。

2つの水平線が同じ長さであることは、下の図のように垂直な破線でつないでみるとよくわかります。

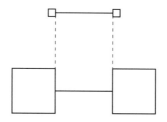

しかし、多くの人にとって、小さな正方形で挟まれた上の水平線のほうが長く感じられます。これは、水平線の長さ（大きさ）を、両側を挟む図形の大きさと比べながら判断するためだと考えられます。

この錯視は、**ボールドウィン（Baldwin）錯視**とよばれています。

左右の内側の円は
どちらが大きいでしょうか?

HINT　中央の円は、一方は大きな円で、もう一方は小さな円で囲まれています。内側の円の大きさを比べてみてください。

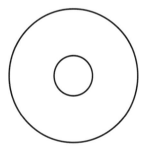

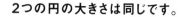

2つの円の大きさは同じです。

　大きさが同じであることは、下の図のように破線の平行線で挟んでみると確かめられます。

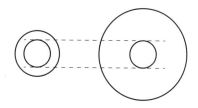

　しかし、多くの人にとって小さな円で囲まれた左の円のほうが大きく感じられます。

　これは、注目する円の大きさをまわりの図形の大きさと比較して判断するためだと考えられます。

　この錯視は**デルブーフ (Delbœuf) 錯視**とよばれています。

　この錯視は、大きなものでゆったり囲むと中のものが小さく見えるという日常生活での経験とも一致します。たとえば、袖口のゆったりした服装のほうが、腕が細く感じられますし、襟元がゆったりしているほうが、首が細く感じられることも、この錯視によるものでしょう。

左の内側の円と
右の外側の円では
どちらが大きいでしょう?

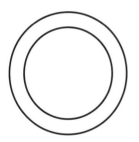
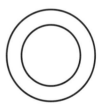

大きさは同じです。

大きさが同じであることは、下の図のように注目する図形を水平な破線で挟むことによって確かめられます。

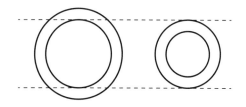

でも左の内側の円のほうが、右の外側の円より大きく見えます。これは、そばに描かれた図形の大きさの方向に、注目する図形が引き寄せられる視覚効果です。これも**デルブーフ (Delbœuf) 錯視**とよばれています。

デルブーフの錯視には、もう1つ別の形のものもありました。同じ大きさの円を外から別の円で囲むとき、少しだけ大きな円で囲んだほうが、とても大きな円で囲むより、注目する円が大きく見えるという錯視(p.200)です。その視覚効果と、この錯視が起こることから、注目図形を外から別の図形で囲むと注目図形は大きく見え、内側に別の図形を置くと注目図形は小さく見えるということ、加える図形の大きさが注目図形に近いほうがその効果は大きくなるということがわかります。

斜めの線に挟まれた
2本の垂直な線は
どちらが長いでしょう?

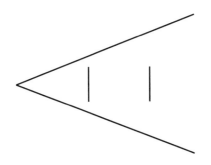

ポンゾ錯視

2本の線の長さは同じです。

　でも、多くの人にとって、左の斜めの線の間隔が小さくなっている場所にある線のほうが長く感じられます。

　これは、周辺の隙間が小さいほど注目しているものを大きく感じるために起こると考えられます。この錯視は、**ポンゾ (Ponzo) 錯視**とよばれます。

　この錯視は、奥行きを感じるために起こるのだとする説もあります。下のような斜めの2本の線が、たとえば道に沿った壁を表し、遠くにある線ほど小さく見えるはずという遠近法の性質を脳が覚えていて、長さを補正してしまうというものです。

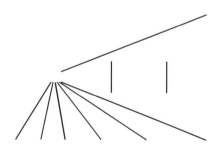

2本の縦線は
どちらが長いでしょう?

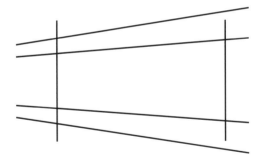

ポンゾ錯視のバリエーション

同じ長さです。

　下の図の破線で示すように縦線を2本の水平線で挟むと、長さが等しいことが確認できます。しかし左のほうが長く見えます。

　この錯視は、ポンゾ錯視 (p.204) の視覚効果をより強調したものだと言えます。この図形は**リップス (Lipps)** が紹介しています。

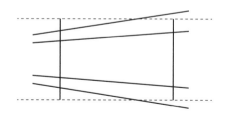

左右の図の中央の正方形はどちらが大きいでしょう?

HINT
左の図では、中央の正方形はそれより大きな正方形で囲まれていますが、右の図では、中央の正方形はそれより小さな正方形で囲まれています。この中央の正方形を比べてください。

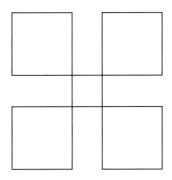

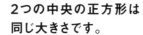

2つの中央の正方形は同じ大きさです。

　でも多くの人にとって、右の小さい正方形で囲まれたほうが大きく見えます。これも、注目する図形の大きさを、周辺の図形と比べながら判断するために起こると考えられます。この錯視はこれを見つけた心理学者・**小保内虎夫**の名を取って**小保内（オボナイ）錯視**とよばれています。まわりを囲む図形を三角形などの別の図形にいろいろ取り換えてもこの錯視は起こります。

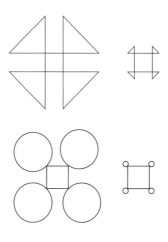

次の2つの図形の縦線は、どちらが長いでしょう?

HINT

縦線は、平行な線の対で挟まれています。その平行線は一方は水平(すなわち縦線に直角)ですが、もう一方は斜めに傾いています。

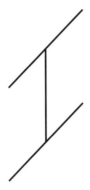
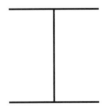

縦線は同じ長さです。

　しかし、水平な線で挟まれた右の縦線のほうが、斜めの線で挟まれた左の縦線より長く見えます。この錯視は、**ジャッド (Judd) の大きさの錯視**とよばれています。

　ミュラー‐リヤー錯視 (p.180) では注目する線の端に外向きに図形を加えるか内向きに図形を加えるかによって長さが違って見えましたが、前ページの図形では挟む線の向きが見かけの長さを変えています。

　下の図のように、同じ長さの縦線を1辺とする平行四辺形と長方形を描くと、長方形のほうが縦線が長く見えます。これは、長方形のほうが長い辺で挟まれた幅が大きいことに知覚がつられるためでしょう。

　これと同じ視覚効果が前ページの図にも働いていると考えられます。

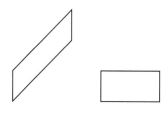

次の図形の縦線の、
一番長いところと、
一番短いところを
示してください。

短い縦線が並んで、全体では正弦曲線のような形を成しています。場所によって縦線の長さが違うように見えますが、本当はどうでしょうか?

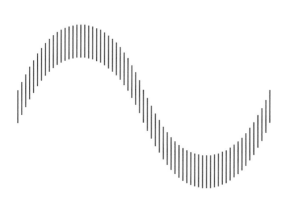

縦線はすべて同じ長さです。

　縦線は、曲線の傾きが緩やかなところでは長く見え、傾きが急なところでは短く見えます。これは、曲線自体の幅につられて知覚が乱された結果だと考えられます。この錯視は、**デイ (Day) の正弦曲線錯視**とよばれています。

　1本の曲線を縦方向に平行移動すると、平行移動の前と後の曲線で挟まれた領域は、幅のある曲線を成します。そして、その幅は、傾きが緩やかなところでは広く、傾きが急なところでは狭くなります。この幅の違いが、縦線の長さの知覚を乱すのです。

　これは、ジャッドの大きさの錯視 (p.210) と同じような錯視だと考えられます。

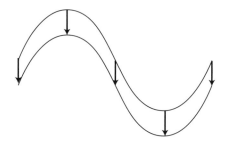

3本の曲線はそれぞれ
円の一部ですが、
どの円が最も小さいでしょう?

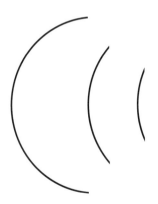

トランスキー錯視

3つの円の大きさは同じです。

多くの人には、左の曲線を延長した円が最も小さく、右の曲線を延長した円が最も大きく見えるでしょう。

しかし、下の図のように円の残りの部分を破線で描くと、どの円も同じ大きさであることがわかります。弧の見える部分が短いほど、全体の円をより大きく感じるわけです。

この錯視は**トランスキー (Tolanski) 錯視**とよばれています。

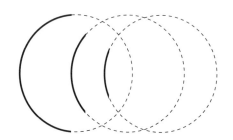

コップの底とふたの内側の楕円は、
どちらが大きいでしょう?

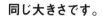

同じ大きさです。

　底の楕円のほうが大きく見えますが、それは錯覚です。この錯視は**ペレルマン (Perelman)** が著書の中で紹介しています。

　この錯視には、少なくとも2つの要因が関わっています。その第一は、ポンゾ錯視 (p.204) です。

　ポンゾ錯視とは、「周辺の隙間が小さいほど、注目図形を大きく感じる」「同じ大きさの2つの図形を平行ではない2本の線で挟むと、狭いほうに置いた図形のほうが大きく見える」というものでした。ふたの楕円は両側からコップの側面の輪郭線で挟まれていますから、この要因が影響を与えているのでしょう。

　もう1つの要因は、遠近法の効果です。

　前ページの絵はコップを斜め上から見下ろしたところを描いてありますから、底よりふたのほうが視点に近いと脳は判断します。遠いものは近いものより小さく見えるという遠近法の効果を知っている私たちの脳は、遠くに描かれたものの大きさを修正し、より大きいと感じるのです。

**3本の線の中で
一番長いのはどれでしょう?**

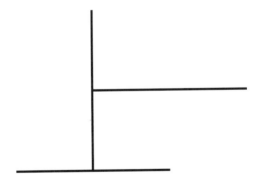

3本の線はすべて同じ長さです。

でも右上の横線が一番長く見えます。この錯視は**クナパス (Künnapas)** が見つけました。

下の水平線と縦線との関係はフィック錯視図形 (p.36) と同じです。そのため縦線のほうが長く見えます。また、縦線と右上の横線の関係もフィック錯視図形と同じです。そのため、ここでは横線のほうが長く見えます。このように、この錯視は、フィック錯視の効果が2段に積み重なった結果だと考えることができます。

となると、この段数を増やせば錯視の強さも増すかもしれないと思いませんか？ しかし、下の図のように6段のフィック錯視図形を組み合わせても、錯視の強さはそれほど変わりません。

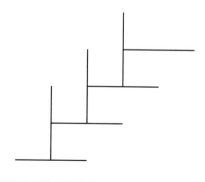

AとBの距離とMとNの距離はどちらが大きいでしょう?

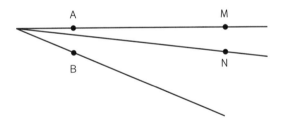

距離は同じです。

でも、AとBの距離のほうが、MとNの距離より大きく見えます。この錯視は、**ペレルマン (Perelman)** が著書の中で紹介しています。

これは、周囲の隙間が小さい部分、つまり角の頂点に近い場所にある図形ほど大きく見えるというポンゾ錯視 (p.204) の要素と、AとBの間にもう1本放射線が描かれている効果とが重なって起こっていると考えられます。

下の図のように、間を通る放射線の数を増やすと、錯視も強くなります。

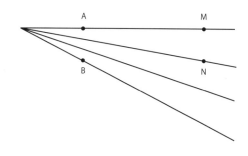

水平な線の上に
富士山が描かれています。
この図の下の線の幅と富士山の高さは
どちらが大きいでしょう?

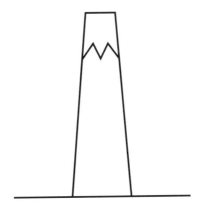

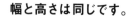

幅と高さは同じです。

　下の横線の長さ（すなわち図形の幅）より高さのほうがずいぶん大きく見えますが、これは錯視です。実際、下の左の図のように四角で囲むと正方形となることから、幅と高さが同じであることが確認できます。

　この錯視は、脳は横線より縦線の長さを過大視するために起こると説明されることがありますが、下の右の図のように90度回転させてもやはり錯視は起こります。

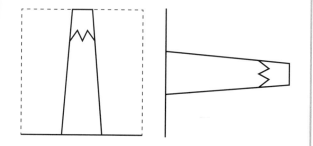

この図の縦方向の長さは、
左と右でどちらが大きいでしょう?

黒と白のひし形が順に重なっているところを描いた図です。このひし形の縦の幅は、左と右でどちらが大きいかを考えてみてください。

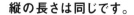

縦の長さは同じです。

ひし形の縦の長さは右より左のほうが大きく見えますが、これは錯視です。この錯視は**ニニオ (Ninio)** が著書の中で紹介した**シェブロン (chevron) 錯視**です。

シェブロンとは、紋章で使われる逆V字形のことです。

この錯視が起こる理由については、2種類の説明ができます。

1つめの説明はツェルナー錯視(p.74)の効果です。重なった黒いひし形の見えている部分は上半分では右上がり、下半分では右下がりの太い線に見えます。この斜めの線はツェルナー錯視の短い補助線に似ています。これによって図形全体の上端が右下がりに見え、下端が右上がりに見えます。

もう1つは、遠近法的効果です。積み重ねられたひし形は、左のほうが遠くにあり、右のほうが手前にあるため、右のほうが視点に近いと感じられ、近いものは遠いものよりも大きく見えるという遠近法的性質を知っている脳が見かけの大きさを補正して、近くにあるひし形を小さめに知覚するのだと考えられます。

どちらの説明も一理あります。この錯視は両方の効果が重なって起きていると考えるのが自然でしょう。

下の図の2つの対角線は
どちらが長いでしょう?

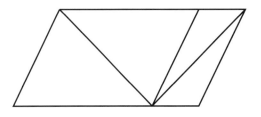

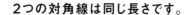

2つの対角線は同じ長さです。

　下図のように、2つの対角線の交点を中心とし、一方の対角線の長さを半径とする円を描くと、もう一方の対角線の端点もこの円に乗ることから、対角線は同じ長さであることがわかります。でも左側の大きい平行四辺形の対角線のほうが、右側の小さい平行四辺形の対角線より長く見えます。

　この錯視は**ザンダー（Sander）錯視**とよばれ、平行四辺形の大きさ（面積）の違いにつられた脳が大きな平行四辺形のほうが対角線も長いと判断するために起こると考えられます。

　また、平行四辺形の辺がミュラー‐リヤー錯視図形(p.180)の矢羽の役割を果たしているとも考えられます。左の大きい平行四辺形の対角線と比べると、右の小さい平行四辺形の対角線のほうがより鋭い内向きの矢羽で挟まれているため、ミュラー‐リヤー錯視の効果がより強く起こるのです。

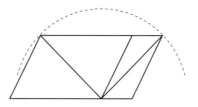

下の図で、
横に並んだ3つの円全体の幅と、
中央の上下の円の間の距離は
どちらが大きいでしょう?

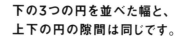

ルキーシュの隙間

下の3つの円を並べた幅と、
上下の円の隙間は同じです。

　3個の円の横幅より上下の円の隙間のほうが大きく見えますが、それは錯視です。この錯視は、**ルキーシュ（Luckiesh）**が示しました。

　横に並んだ3つの円の両端の円弧部分は、内側へ反っています。一方、縦に並んだ2つの円の隙間に近い弧の部分は、隙間に対して外向きに反っています。このことが、ミュラー‐リヤー錯視図形（p.180）の内向き・外向きの矢羽と同じような視覚効果をもたらしていると考えられます。

　円が接触していなくても同じような錯視が起こります。下の図の右の2つの円の外側同士が作る幅と、中央と左の円の隙間の長さは同じですが、後者のほうが大きく見えます。下の矢印を手で隠すとより錯視が強まります。この錯視図形もルキーシュが示しています。

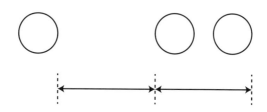

次の絵に描かれている2つの平行四辺形はどちらがより細長いでしょうか?

HINT

紙面上での図形の形についての質問です。机の面には葉っぱが描いてありますが、どちらの葉っぱが細長いかを考えていただいてもよいでしょう。

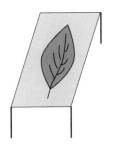
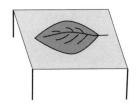

> シェパード錯視

2つの平行四辺形は形も大きさも同じです。

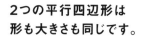

平行四辺形も葉っぱも同じ大きさ、形ですが、多くの人にとって、左のほうが細長く、右のほうがよりふっくらとした形に見えます。これは、脚が描かれているために、脳が平行四辺形を机の上面の長方形と解釈し、奥行き方向の長さを補正することによって起こる錯視だと考えられます。

この視覚効果は、**シェパード (Shepard) 錯視**とよばれています。

同じ視覚効果は、互いに合同な2つの図形を向きを変えて紙面に置いたあと、重力方向に厚みを描くと起こります。たとえば、下の2つの図形の上面の三角形は異なる形に見えますが、紙面上で全く同じ形です。

2台の車は、どちらが大きいでしょう?

HINT

これは、道路の絵の上に車の絵を追加したものです。

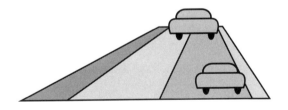

> 回廊錯視

2台の車は、紙面上で同じ大きさです。

　しかし、遠景に置いた車のほうが、近景に置いた車より大きく感じられます。背景画像に近いところと遠いところが描かれているのがポイントです。私たちの脳は遠いところは遠近法の効果によって近いところより小さく見えることを知っていますから、遠景に置いた車はその分大きいはずだと判断するのです。

　この、脳が奥行きを考慮して大きさを補正してしまう視覚効果は、回廊の画像でよく起こるので**回廊錯視**とよばれます。回廊錯視は、近景から遠景までつながる道路や壁などの画像に図形を重ねれば、誰でも簡単に作れます。下の例では、2個の花と梯子はそれぞれ同じ大きさですが、遠くに置かれたもののほうが大きく見え、回廊錯視が起こっていることがわかります。

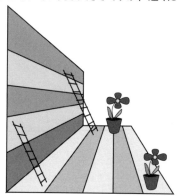

次の3つのビルのうち、どれが最も右に傾いているでしょう?

HINT 建物を斜め上から見下ろした絵が並べてあります。

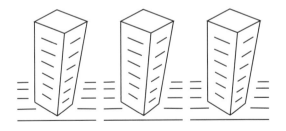

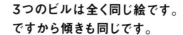

3つのビルは全く同じ絵です。
ですから傾きも同じです。

　同じビルの絵を3枚コピーして横に並べただけですから、全く同じように傾いているはずです。しかし、一番左のビルが最も右に傾いているように見えます。斜塔錯視 (p.28) では、最も右の建物が一番右へ傾いて見えましたが、この絵はその逆になっています。そのためこれは**逆斜塔錯視**とよばれています。

　左右のどちらの絵がより傾いているかは、建物を下から見上げた絵か、上から見下ろした絵かによります。どちらも、紙面に並べた絵の全体を、脳が3次元の構造としてとらえようとするために生じる視覚効果です。

　同じような視覚効果は、道路などの水平方向に奥行きのある絵でも起こります。下の図は、2つの同じ並木道の絵を横に並べたものですが、別の方角へ道が伸びているように見えます。

次の柱体の上面は
紙面上でどのような形でしょう?

上面は正方形です。

縦長のひし形に見えますが、それは錯視です。

この図形は角柱を斜め上から見下ろしたところと解釈できます。縦長のひし形に見えるのは、脳が柱体の上面は水平であるとみなし、それを斜め上から見下ろしているからには、縦方向が縮んで見えているはずと感じて、縦の長さを補正しているからでしょう。つまり、この錯視の原因は、**シェパード (Shepard) 錯視** (p.230) と同じものです。

下の例では、柱体の上面は紙面上で円に見える方が多いと思いますが、実は横長の楕円です。真円から縦方向だけ95%に縮小してあります。これが真円に見えるのも、シェパード錯視と同じ視覚効果です。

column

奥行きを補正する脳

　奥行きが描かれた絵の中の図形について、紙面での形を問うクイズをいくつか示しました。形が違って見えるシェパード錯視 (p.230)、大きさが違って見える回廊錯視 (p.232)、向きが違って見える斜塔錯視 (p.28) や逆斜塔錯視 (p.234) などがその例です。形や大きさや向きが紙面上で感じられるのとは大きく違って見えることを体験するとビックリします。

　これらは錯視量が大きいことで有名ですが、これを「錯視」とよぶのは脳がかわいそう (というか脳に失礼) だというのが私の感想です。

　脳にとって重要なのは、網膜に映った画像の情報から目の前の状況を正しく判断することです。そのためには、奥行き方向にひずんだ網膜像から、そのひずみを補正して、空間における正しい形を判断することこそが脳の役目のはずです。つまり、奥行きのある図形に対して脳はこの補正をしているわけで、正常に働いていると言うべきでしょう。

　奥行きのある情景が網膜に映ったときどのように歪むか

は、遠近法に従います。歪んだ網膜像からもとの立体の形や大きさを正しく知覚するためには、遠近法を逆向きに使わなければなりません。

　それができるということは、脳が遠近法を知っていることを意味します。特に意識して学ばなくても、生まれてからの生活経験によって、私たちの脳には遠近法が刷り込まれていると言っていいでしょう。

第 8 章

暮らしの中の
身近な錯視

私たちが日々接している
さまざまなものの見え方にも、
錯視のしくみが影響しています。
身近な錯視を、
あなたも探してみてください。

下の写真の4本の横線は、窪んで見えますか? それとも出っ張って見えますか?

HINT

晴れた日に家の外壁のサイディングを撮影した画像です。

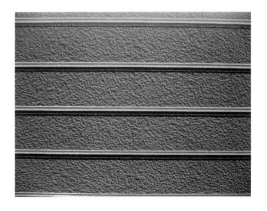

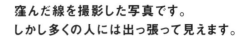

クレーター錯視

**窪んだ線を撮影した写真です。
しかし多くの人には出っ張って見えます。**

　実は、前ページでは、写真を180度回転して上下を逆にしてあります。もとに戻した写真は次の通りです。この向きで見ると4本の線は窪んでいることがわかるでしょう。

　私たちは、太陽や天井の明かりなどによって上から光が当たった環境でものを見ることに慣れています。その結果、脳は、明るく見える面は上を向き、暗く見える面は下を向いていると解釈するようになります。そのため、上下をひっくり返した画像では、凹凸を逆に感じてしまうのです。

　この視覚現象は、月のクレーターの写真で顕著に起こるため、**クレーター錯視**とよばれます。

次の画像は
お面の表側の写真でしょうか?
それとも裏側の写真でしょうか?

HINT

顔の形をしたお面を正面から撮影したもののように見えると思いますが、本当にそうでしょうか。

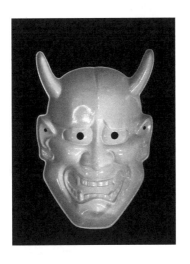

ホロウマスク錯視

お面の裏側を撮影した写真です。

　下はこのお面の表側を撮影した写真です。前ページの写真はこのお面の裏側ですが、出っ張った顔に見えた方が多いでしょう。

　これは、脳が「顔というものは出っ張っている」という常識に基づいて解釈するためだと考えられています。お面の窪みを出っ張りのように感じてしまうこの錯視は、**ホロウマスク錯視**とよばれています。

　私たちにとって顔は特別に重要なものなので、顔に近い形は顔だという知覚が強く働きます。わざわざ「顔の形を裏側から見たところ」という不自然な解釈はしないのです。

　前ページの画像は普通の照明で撮影していますから、上を向いた部分は明るく、下を向いた部分は暗くなっており、その陰影から窪んだ構造の情報が読み取れるはずですが、「顔は出っ張っている」という思い込みのほうが強いため脳が勘違いをしてしまうのです。

坂は登りでしょうか？
下りでしょうか？

HINT

2種類の傾斜の坂が手前から奥に続いています。このそれぞれの坂が登りか下りかを考えてみてください。

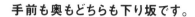縦断勾配錯視

手前も奥もどちらも下り坂です。

　手前は奥に向かって下り坂で、その先には登り坂が続いているように見えると思います。しかし、実際は、手前は急な下り坂で、その先には緩い下り坂が続いています。これは香川県の屋島ドライブウェイにある「おばけ坂」とよばれる場所です。このような登りと下りを逆に感じる錯視は、**縦断勾配錯視**といいます。

　まわりに水平方向を知らせる手がかりがない場所で2種類の傾斜の坂がつながると、脳は一方を下り坂、もう一方を登り坂とみなす傾向が強く、それがこの錯視を生んでいると考えられます。この場所は、さらに先が再び急な下り坂で見えなくなっていて、このことも奥の坂を登り坂と感じる要因の1つとなっているのでしょう。

　下はこの場所を逆側から撮影した画像です。実際は緩い登りの先に急な登り坂が続いているのですが、手前が下り坂に見える方が多いと思います。この坂は、どちらから見ても錯視が起こります。

次の写真の地面は
どのように見えますか?

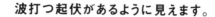
タイルの視覚効果

波打つ起伏があるように見えます。

波打っているように見えますが、この地面は平らです。曲線で囲まれたタイルが敷き詰めてあるのですが、長方形のタイルが地面の起伏に沿って並べてあると脳が解釈するために、この視覚効果が生まれると考えられます。

前ページの写真は、スペインのバルセロナ市を訪れたとき、遊歩道で見つけて撮影したタイリングです。起伏があるように見えて歩きにくくなる歩道をわざわざ作るはずがありませんから、タイルを貼ってみたら、思いがけず波打って見えてしまったということなのではないかと推察しています。

起伏を感じる床はときどき見かけます。下の写真は、国内の地方都市の駅前の地下街で見つけた床です。実際には平らですが、起伏があるように見えてしまいます。

撮影した位置から正面の壁までの距離は、どちらが長いでしょう?

HINT

これら2枚の写真は同じ部屋を撮影したものです。

距離は同じです。

　これら2枚の写真は同じ場所から同じ部屋を撮影したものです。しかし、右の写真のほうが、カメラ位置から壁までの距離がずいぶん長く感じられます。

　この距離の印象の違いが生まれるのは、撮影に使ったレンズが異なるためです。左の写真は、標準レンズとよばれるレンズで撮影したもので、右の写真は、広角レンズとよばれる焦点距離の短いレンズで撮影したものです。レンズの違いが、奥行きの印象を変えているのです。

　レンズの焦点距離が違うと写真に写る景色の範囲が変わり、焦点距離が短いほど大きい角度の範囲が写真に入ります。そのため、右の写真のほうが手前の様子まで映っています。

　しかし、同じ場所から撮影していますから、右の写真の中央付近を拡大すれば左と同じ写真になるはずです。

　私たちは写真を見るとき、目の視野角を想定します。そのため、左右の広い角度範囲が写った写真ほど、対象から離れた位置から撮影したと判断してしまうのです。

　広角レンズを使って部屋の写真を撮ると実際より広く見せられるこの効果は、マンションの広告写真などに広く使われています。写真から感じる部屋の広さをそのまま信じては危ないと言わざるを得ません。

長い通路が遠くまで
伸びている写真です。
通路の両側の線A、Bの成す角度は
何度ぐらいでしょうか?

たとえば、30度、50度、70度、90度の中から選ぶとすれば、どれに最も近いでしょうか。

約90度です。

　四角い紙の角を当ててみればこのことが確認できます。でももっとずっと小さい角度に見えます。30度あるいは50度ぐらいに見える方も少なくないと思います。

　この錯視は、長篤志、長田和美、三池秀敏、一川誠、松田憲が道路の写真で示したもので、**道路写真の角度錯視**と名付けられています。錯視量が非常に大きく、2010年に行われた日本基礎心理学会主催の第2回錯視コンテストでグランプリをとりました。

参考文献

- 後藤倬男, 田中平八:「錯視の科学ハンドブック」, 東京大学出版会, 東京, 2005.
- 北岡明佳:「だまされる視覚―錯視の楽しみ方」, 化学同人, 京都, 2007.
- 北岡明佳:「錯視入門」, 朝倉書店, 東京, 2010.
- T. Lipps: Raumästhetik und geometrisch-optische Täuschungen. Verlag von Johann Ambrosius Barth, Leipzig, 1897.
- ジャック・ニニオ (鈴木光太郎・向井智子訳):「錯覚の世界―古典からCG画像まで」, 新曜社, 東京, 2004.
- Y. Perelman: Physics for Entertainment, Book 2. Hyperion, New York, 2008.
- J. O. Robinson: The Psychology of Visual Illusion. Dover Publications, Inc., Mineola, 1998.
- 杉原厚吉:「錯視図鑑」, 誠文堂新光社, 東京, 2012.

　立命館大学北岡明佳教授には、錯視に関して日ごろから多くの情報をいただき、本書の初稿を作る際にもいくつかの錯視図形の作者についての情報をいただきました。金崎千春氏には、私のなぐり書きの原稿を整理・清書していただきました。大和書房の長谷部智恵氏には、本書の企画編集に際し、大変お世話になりました。
　また、円水社さんからは初稿の記述の事実確認に際し、貴重なご指摘をいただきました。
　ここに謹んで感謝申し上げます。

本作品はだいわ文庫のための書き下ろしです。

杉原厚吉(すぎはら・こうきち)
一九四八年岐阜県生まれ。一九七三年東京大学大学院工学系研究科計数工学専門課程修士課程修了。東京大学大学院情報理工学系研究科教授などを経て、現在、明治大学最先端数理科学インスティテュート特任教授。工学博士。東京大学名誉教授。専門は数理工学、コンピュータービジョン、コンピューターグラフィックス、計算幾何学、計算錯覚学。
世界大会の「ベスト錯覚コンテスト」で二度の優勝経験を誇る錯覚研究の第一人者。
主な著書に、『立体イリュージョンの数理』『だまし絵で遊ぼう』『へんな立体』『エッシャー・マジック』『錯視図鑑』等多数がある。

わかっていても騙される
錯覚クイズ

著者 杉原厚吉(すぎはらこうきち)
©2018 Kokichi Sugihara Printed in Japan
2018年4月15日第1刷発行

発行者 佐藤 靖
発行所 大和書房(だいわ)
東京都文京区関口1-33-4 〒112-0014
電話 03-3203-4511
フォーマットデザイン 鈴木成一デザイン室
本文デザイン 喜來詩織(tobufune)
本文イラスト 徳丸ゆう
本文DTP 朝日メディアインターナショナル
本文印刷 シナノ
カバー印刷 山一印刷
製本 小泉製本
ISBN978-4-479-30701-3
乱丁本・落丁本はお取り替えいたします。
http://www.daiwashobo.co.jp